JN069234

たったの7時間で丸わかり！

経営戦略

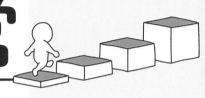

大事な
ところだけ

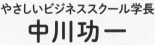

事典

やさしいビジネススクール学長
中川功一

日本実業出版社

はじめに

**経営学は、
とにかく使える学問なんだ！**

　私は、世にも珍しい、博士号を取得して大学の正教員として教鞭をとってきた経営学者であり、かつ、投資家から出資を受けてまい進中のスタートアップ経営者です。そんな私が心の底から、皆さんに熱い気持ちで伝えたいことは、**「経営学は、とにかく使える学問なんだ！」** ということです。

　皆さんは、経営書を選ぶとき、どんな思いで手にとるでしょうか？
「スキルを高めたい」「この社会で成功したい」という素直な成長意欲を持って、経営書を選ぶはずです。しかし同時に、あらゆる経営書の類いは、直接的に仕事に活かせるわけではなく、自分の思考力を磨いたり、教養を高めたりと、間接的に成長に寄与するものだと思われているのではないでしょうか？

**違うんですよ。
経営理論は、そのまま
ビジネスに使えるものなんです！**

お医者さんだって、法律家だって、ITエンジニアだって、そのまま使えるスキルとして医学を学び、法律を学び、情報科学を学びます。しかし経営学は、不思議と、そのまま使えるスキルとしてではなく、思考力や教養を高めるものとして教えられています。

　本当にそれでよいのかを問い、経営学教育の当たり前を見直し、「ちゃんと使えるスキルとして身につけていただこう」を試みたのが、本書です。

　実際のところ、各種の経営理論を学んできて、それをもって経営者に転じた私が今直面しているのは、「**どんな問題も経営理論でちゃんと解決していける**」という現実です。

　何よりもまず**パーパス**。

　現状のよい面・悪い面の両方をバランスよく把握して方針を定め、徹底した顧客志向から製品・サービスを設計し、競合との差分を念頭に戦略を立案する。顧客体験を充実させることを念頭に、パートナーと**エコシステム**を作る。これらの一切を、アジャイル（素早い試行錯誤の繰り返し）で修正しながら進めていく。

　挙げればきりがないですが、事業活動の細部に至るまで、学び、研究し、教えてきたことをちゃんと活かせていると感じています。

　経営学を使えるものとして教えないのは、「スキルを高めたい」「成功をつかみたい」と思っている読者の方々に対し、不誠実な在り方なのではないか——そう思って、本書では

経営戦略を立てていくにあたっての、最も「使える」理論・手法をとりそろえ、使ってみせることを軸として執筆をしました。

　思うに、経営学者であり経営者でもある私のような存在が「世にも珍しい」ことが、そもそもおかしいのです。それでは、現場で活かせる・使える経営学にならないのも無理からぬことでしょう。そこに風穴を開ける意味でも、私のやるべきことは、現場感のあるものとして、経営学を使える形でお伝えし、実務と科学との橋渡しをすることだと思ったのです。

　本書は、どこから読んでいただいてもかまいません。どの章も、あなたが経営戦略を立てるにあたって感じる「〇〇がしたい」という要望に対応できるように作っています。ご自身の問題・関心に沿って読み始めるのが一番です。そんな意味で、ざっとここから先の内容に触れておきましょう。

　第1章にあたる1時間目で扱うのは、会社の大きなパーパス（目的）をデザインしたいときの方法です。
　これについては、事業ドメインと**ゴールデンサークル**という手法がその基本となります。「誰に、何を、どのように提供するか？」という事業の基本的な定義を行ない、最後に、「なぜ？」というその魂の部分を吹き込む。戦略を立てていくための起点としてパーパスは必要不可欠です。「そこがまだ曖昧だ」という方はこの章からスタートしていただ

くといいでしょう。

　２時間目で扱うのは、会社をとりまく状況をざっと整理する方法です。

　SWOT 分析という手法が、これに該当します。正直なところ、企業経営をするにあたっては、この「大局観」とか「概観」と呼ばれるものを持てるかどうかが最も大切です。そんな意味で、会社をめぐる現状をざっとつかむ、粗っぽいけれども手早くそれを実行できる手法が有用となるのです。

　３時間目では、「競合企業とどう戦っているか？」「顧客は今どういう製品・サービスを求めているか？」という、競争の状況を今一歩深く分析していく手法をお伝えします。

　ここでは、**3C 分析**と**２軸図**という方法を紹介します。カギは、「具体的な策略を描くようにしていくこと」です。なぜなら、分析と策が乖離するということが、往々にして起こりがちだからです。競争戦略は、アジャイルで修正しながら正解を探していくものです。その意味で、状況を分析しては、常に策をそこから立てていくという思考の技術を訓練することが大切になるのです。

　４時間目は、事業の収益性を改善するためには、どういう是正策が有効になるかを扱います。**ポーターの５要因分析**という、大変有名な理論・手法を皆さんにお渡しし、使えるものとして身につけていただきたいと思います。

5時間目は、組織を改革したり、強みを磨いたり、弱みを補ったりという、社内状況の改善・改革のための方法を論じます。ここでは、VRIOという経営理論を基盤としながら、使うということを念頭に私がオリジナルで開発した手法を皆さんに共有したいと思います。

　6時間目は、未来構想です。経営戦略を考えるうえでは、現状分析と同じくらい、未来の構想ができなければいけません。未来構想とは、予測するという態度が半分、自ら創るという態度が半分です。ここにおいても、現代経営学はPEST分析やシナリオプランニングという有用な手法を生み出しています。皆さんにはぜひそれらを自分の力に変えていただきたいと願っています。

　7時間目は、戦略を実行に落とし込む方法です。いくら策が立派でも、組織での実行に反映させられなければ、策が存在していないのと同じことです。戦略は実行までデザインして、初めて成果を得られるものなのです。バランス・スコアカードという手法が、その決定版とされています。

　最後に、補論として、最新の経営理論の中から、有用性の高いものを1つ紹介します。「エコシステム戦略」です。モノからコトへと価値の所在が移る中で、顧客の体験を総合的にデザインし、それに沿って自社を超えた範囲で製品・サービスの総合提案を行ないましょう、というものがエコシステム戦略です。本書ではそのデザインの方法をステッ

プ・バイ・ステップで解説します。

　以上、古典から最新手法まで、戦略を立て、実行するに
あたって、私が「使える」という観点から厳選した手法を、
皆さんにお届けします。皆さんの現場での悩みに応えるも
のになっていたなら、うれしい限りです。皆さんの未来を
照らす松明、行き先を決めるためのコンパスや地図として
使っていただけることを願っています！

もくじ

1時間目　経営戦略とは何か

2時間目　経営戦略の基本中の基本「SWOT分析」

3時間目　競争環境の分析

4時間目　V字回復を実現する 最重要理論 「5要因分析」（ポーター）

5時間目　会社の内側を分析する「VRIO分析」「7S分析」

6時間目　これから起こる未来を構想する

7時間目　経営戦略を実行に落とし込む

補論　最新の経営戦略理論「エコシステム戦略」

ブックデザイン：ナカミツデザイン

編集協力：貝瀬裕一（MXエンジニアリング）

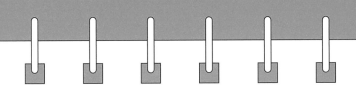

1時間目

経営戦略とは
何か

基本

1時間目で学ぶこと、押さえてほしいこと

経営戦略とは、経営トップだけが描き、ミドルマネジメント層や現場スタッフは淡々とそれを実行するだけというものではありません。大きな目的を持って何か行動を起こそうとするとき、誰にとっても助けになるのが、経営戦略の知識と技術です。ここでは、まず経営戦略の基本的な考え方を身につけましょう。この章で説明したことを丁寧に実践するだけでも、あなたは自分が夢に一歩近づいたことを実感できるはずです。

資生堂「Vision2020」
という経営戦略

　皆さんは、資生堂の商品と聞いて、何を思い浮かべるでしょうか？　シャンプーやコンディショナーの「TSUBAKI」、コスメブランドの「マキアージュ」などの名前が、出てくるかもしれません。

　実は、これらのブランドは、もはや厳密には資生堂の商品ではありません。2021年に資生堂はこれらのブランドをファンドに売却しています（ただし、設立された新会社には資生堂の資本が35％入っています）。そして、そこで得た資金も活用しながら、業態を大きく転換し「世界で戦えるアジア発のグローバルビューティブランド」として、ロレアルやエスティローダー、SK-II（P&G）などとしのぎを削る、ラグジュアリーブランド「SHISEIDO」として活躍しているのです。

　資生堂は、実に2015年から2020年までにわたった6年計画で事業転換に取り組んできました。決して、業績が悪化していたわけではありません。しかし、自社の理念、業界の競争環境、そして社内の状況を踏まえて、思い切った戦略転換を図ったのです（次ページ図1-1）。

　資生堂のコーポレートメッセージは「一瞬も一生も美しく」。
　素晴らしい言葉だと思いませんか。ひとときの華やかな美も大切、生涯を通じてその人が願う美しい生き方が実現

図 1-1

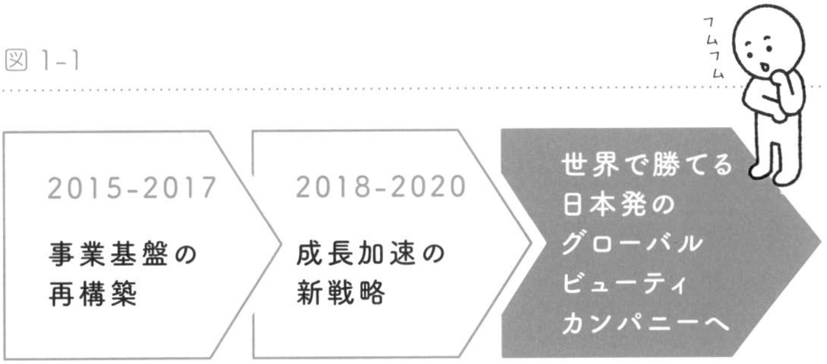

2015-2017	2018-2020	世界で勝てる 日本発の グローバル ビューティ カンパニーへ
事業基盤の 再構築	成長加速の 新戦略	

できることも大切。そして、そこには性別（性自認）の区別もありません。資生堂はこの理念のもとに、化粧品を中心にしながら、再生医療や、美・健康のための食品、メイクアップ講座やカウンセリングにVRコスメまで、総合ビューティ企業として発展を遂げてきました。

　しかし、当時の業界動向は、同社にとって懸念すべき状況でした。世界の美の価値観は、もともと欧米が中心でした。パリコレを歩くモデルが、美しさの基準なのです。アジアには、アジアで培ってきた美的感覚があり、そして、アジア人に合う美しさがある。それなのに、日本も、中国も、韓国も、欧米の美を見習ってしまっていると懸念したのです。

　アジア発の美を提案しなければいけない。欧米的な美の基準がすべてになってしまっては、いけない。では、アジア発の美を提案できる会社は、世界にどれだけあるか。歴史的経緯からすれば、わが社がその使命を担うべきだと資生堂は考えたのです。
　だからこそ、ロレアルなどに伍するブランドとなるため、

15

世界のラグジュアリー市場で一定のプレゼンスをしっかり
確保しなければならない。そのためには、社内の人材や資源
をすべて集中させる必要があり、ほかのことをしている余裕
はない。たとえ人々によく知られているブランドであって
も、ドラッグストアで安売りされてしまい、ラグジュアリー
としてのブランド価値を毀損し、また薄利でもある商品に、
もう人や金などの資源を使っている場合ではない。

　資生堂はこのように判断したのです。
　資生堂はさらに、グローバルでアジア発の美を発信して
いくための、その具体的なやり方も提示します。
　これから取り組むべき事業分野を「化粧品を中心としな
がら、再生医療や、美容・健康食品、バーチャル・メイク
アップ」など9領域に設定したうえで、そこにおいて、技
術力をベースにしたイノベーションを起こしながら（技術

図1-2

的な裏づけをしっかり担保しながら）、マーケティングに力を割いてブランド力を高めていく。それを実践するにあたっては、各国市場で現地・現場を大切にした意思決定を、フラットな組織でスピーディに行なう。ただし、そうした行為・決定が、なぜなされたのかについて、しっかりとしたアカウンタビリティ（説明責任を果たせること）を担保することをも、徹底したのです（図1-2）。

　資生堂は具体的な金銭目標も設定します。2020年までにグローバル売上高1兆2000億円超、内訳としてプレステージ市場で40％超、営業利益は1200億円超を目指すといった具合です（図1-3）。

図1-3

基本目標（2020年）：売上高1兆2000億円超、営業利益1200億円超かつ、
最上位のプレステージ市場で売上が40％超

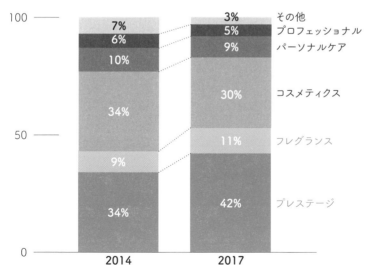

	2014	2017	
その他	7%	3%	
プロフェッショナル	6%	5%	
パーソナルケア	10%	9%	
コスメティクス	34%	30%	
フレグランス	9%	11%	
プレステージ	34%	42%	

こうした詳細な方針に導かれて、資生堂は見事に2020年までに業態の転換を達成。世界と戦える、アジア発の美を提案するラグジュアリーブランドに生まれ変わったのです。

　これが、経営戦略というものです。

経営戦略とは、自社の方針を決定すること

　資生堂の戦略を知り、皆さんは「自社でこれができるだろうか？」とか、「こんなにうまくいくだろうか？」と思いつつも、同時に「ここまで骨太な方針を立てられれば、確かに成功をぐっと引き寄せることができそうだ」とも、思っていただけたのではないでしょうか。

　成功には、確かに運の要素もからみます。狙ったようには、絶対にいかないでしょう。それでも、これだけ力強い方針が提案され、実行にあたってもハッパをかけられたならば、内部のメンバーは力を得たように感じ、「ここはひとつ会社の描くビジョンを実現してやろうじゃないか」と思えるはずです。

　経営戦略とは「どう戦うのか」を明確にする「この世界における、会社のありようの規定」です。経営戦略という概念は新しく、1960年代に登場したものです。というのも、

1960年代あたりまでは、戦略などというものを考えなくとも、企業経営は十分に行なえていたからです。

この点は、とても大切なことです。戦略などなくとも、企業経営はできる。**経営の成否は、かつては策略などではなく、もっぱらオペレーションがうまくできていたかどうかで決まったのです。**

顧客が望む製品を作ることができたか。不良品を減らすことができたか。適切に運ぶことができたか。広告はちゃんと効果を出したか。企業経営の問題の多くは、戦略以前の、オペレーションの問題であることが大半です。この点を踏まえるなら、皆さんもまずは戦略を疑うよりも、オペレーションが高いレベルで実現できているかどうかをチェックすべきです。

しかし、歴史を振り返れば、1960年代には、オペレーションを上手にやり切るだけでは、会社が儲からなくなってきました。競争が激化し、自社とはまったく異なる作戦で成功する会社が現れたのです。典型的には、米国市場での、日本企業の進出です。それまで、自動車産業のGM（ゼネラルモーターズ）や電機メーカーのRCAなどが採用してきた経営方針とは、まるきり異なる発想で、日本のトヨタやソニーが市場を獲得してきた。そうした事態に直面して、「戦略」という概念が注目されるようになったのです。

不確実性・複雑性を増す競争環境の中で、どう戦い抜けばよいのか？　戦い方を考えざるを得なくなった。そうして生まれたものが、経営戦略なのです。

経営戦略とは、内的な求心力である

　経営戦略は、社会にあって、その会社が何をなすかという「外的な在り方」の表明であるとともに、メンバーに、そこで働く意味、目指すべき方向性を与える「内的な求心力」でもあります。

　1960年代から経営戦略が発展してきたことは、経営組織の巨大化と密接に関連しています。数千人、ときに数万人もの人々が同じ組織の中で働くようになり、いよいよ末端の現場では、自分が会社全体のうちのどの部分のどういう仕事を担っているのかが見えづらくなってきていました。自分の決定や行為が、組織にとって正しいことなのかどうかすらもわからない状況が生まれてきたのです。

　経営戦略は、そんなメンバーたちに対して、自分たちは何者であり、どういう未来を目指して、どう動いていけばよいのか、その指針を与えるものです。

　戦略が十分に浸透していれば、現場では、迷わずに判断したり、行動できるようになります。そればかりか、会社の提示する未来の方向性に共感できれば、人は自らの働く意味をもそこに見出せるようになります。**ただ単に方針が与えられたという以上に、人がそこにいる意味をも与えてくれるのが、経営戦略なのです。**

　かくして、経営戦略の立案は、不確実な社会の中で、自

社の進む道を明確にする「外的な在り方の規定」であり、メンバーたちに明確な方針とそこにいる意味を与える「内的な求心力」として、現代では、経営者の最重要職務の１つとなっているのです（図1-4）。

図1-4
....

経営戦略が、なぜ生まれたか

↓

考えなければ、勝てなくなった	方針が決まっていなければ、まとまって動けなくなった
企業の外的要因：競争の激化のため、よいオペレーションをしていれば生き残れるわけではなくなった	企業の内的要因：複雑化・大規模化する組織の中で、求心力が求められた

↓

外的な策略として内的な求心力として

↓

Cool head, but Warm heart
──経済学者：アルフレッド・マーシャル

↓

仲間を成功に導くための骨太な方針こそが戦略

経営戦略は経営トップだけのものではない

　ただし、経営戦略は、会社のトップだけが学び、運用すればよいものではありません。**実際のところ、経営戦略論は、社会のあらゆる人が学んで、有意義なものです。**

　経営戦略は、会社経営者が全社の方針を定める際に最も力を発揮するものですが、その基本的な枠組みは、あなたが目標をもって行動するときには、いかなる場面にも活用できます。社内の一部門で立てる部門戦略にだって使えますし、あなた自身のキャリア戦略や人生戦略にも使えます。さらに、サークルやNPOの活動にも使えます。達成したい大きな目標があり、そこに向かって人やお金が投入されていく局面では、広く一般的に利用可能な枠組みなのです。

　また、「全社を動かすトップのための経営戦略」を、現場スタッフやミドルマネジメント層のレベルにいる人たちが学ぶことにも、とても大きな意味があります。

　もし皆さんが経営戦略論を学んだならば、自社の社長がどのように思考しているのかが理解できるようになるのです。

「なるほど、だから社長はこう判断したのだな」
「社長には今の業界の流れがこう見えているんだな」
「自社の中期経営計画や理念にはこういう意味があったのだな」

こうしたことがわかるようになることで、皆さんは経営陣の意図をより深く汲み取って、社会人としていっそう活躍できるようにもなるのです。

　ですから、皆さんにはぜひ経営戦略を自分ゴトとして学び、自分の人生の中で、大いに役立ててもらいたいと思います。目指すべきゴールに向かって、どうものごとを組み立てていけばよいか。それが、経営戦略論という知の体系なのです。

経営戦略の基本構造：パーパスとSTAR

　どういう要素を備えたものが、経営戦略なのでしょうか。何が経営戦略で、何が経営戦略ではないのでしょうか。**古来、戦略は「大きな目的を達成するためのシナリオ」と表現されてきましたが、これを要素分解するならば、目的とシナリオという2つの要素に分けることができるでしょう**（次ページ図1-5）。

　そもそも企業の目的とは、何でしょうか？

　企業のオーナーである投資家の視点からいえば、売上をあげること、利益をあげることでしょう。では、売上・利益さえあげられれば、何をしてもよいかといえば、そんなことはありません。

　目的を「売上・利益をあげること」としてしまったなら

図 1-5

経営戦略の2大構成要素

大きな
目的
パーパス

達成するためのシナリオ

ば、トヨタが飲料を売ってもよいわけですし、サントリー
が自動車を売ってもよいことになります（もちろん、トヨ
タが飲料を売るのも、サントリーが自動車を売るのも、理
にかなった戦略になるならばOKですが）。外的には自社の
ありようを規定し、内部のメンバーの求心力たるものとす
るためには、もう少し具体的な「自社が何のために存在し
ているのか」を定義する必要があります。

　自社の存在意義を意味する言葉が「パーパス」（Purpose）
です。企業の戦略立案の起点であり、仲間たちの求心力の
本質でもあるものです。

パーパスの設定にあたっては、起業家であり思想家でも
あるサイモン・シネックが「ゴールデンサークル」の概念
を提唱しています。

　**ゴールデンサークルとは、Why「なぜ行なうのか」を中
心として、次にHow「どう行なうのか」、最後にその外縁
部にWhat「何を行なうのか」を記すものです**（図1-6）。

図1-6
....

Find your Why.
（サイモン・シネックのゴールデンサークル）

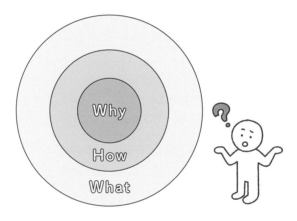

　企業経営として具体的に外部に出てくるもの、外の人か
ら見えるものは、What「何を行なうのか」です。ですが、
その「何を行なうのか」を特徴づけ、その会社の個性とな
るのは、How「どう行なうのか」です。そして、「どう行な
うのか」に明白な理由を与えるものが、中心にあるWhy
「なぜ行なうのか」なのです。

シネックは「Find your why（あなたの Why を探しなさい）」という言葉で、経営を行なう、戦略を立てる、そうした行為の起点として、まず Why をしっかり認識すべきだと説きました。

　先ほどの資生堂の例でいえば、「What：表面に見えるもの」は、「プレステージ・ラグジュアリー市場を対象に、化粧品を中心に総合的な美に関連する事業を行なう」ということになるでしょう。

　その活動に資生堂の独自性を与えるのは、How です。「アジア発の美を提案し、技術力をベースにしつつ、積極的なマーケティング活動でその事業を実現する」というのが、資生堂のスタンスです。それは、確かに他社とは異なる、資生堂らしさです。

　では、なぜ資生堂はそんな What、How を行なうのでしょうか？

　それは、「一瞬も、一生も美しくあることで、その人らしい生き方をしてほしい」という、資生堂の願う美的な生き方、アジアで培われた美的感覚を世界に普及させたいからです。この Why があり、それが社内で強く共有されることで、How も What も生きてくるのです。

　ですから、経営戦略立案の起点は、自分たちの Why を明確にすることです。狭義の意味で、パーパスとはこの Why「なぜ行なうのか」です。

　ただし、Why と密接に結びついた How と What があって、経営戦略を立てていくうえでの基礎ができあがること

は、ここまで読み進めていただいた皆さんにはご理解いただけることでしょう。この意味で、本書のスタンスは、**Why、How、Whatの3つが明確に定義できた状態をもって、企業経営の基本的なパーパスが構築できた状態と考えます。**

　ぜひ、皆さんもまず、ご自身のパーパスを整えてみてください。

　ちなみに、私自身が手掛けている、大学の先生方の力を借りながら、人々に経営学の知を普及させるべく取り組んでいるオンライン経営スクール「やさしいビジネススクール」のゴールデンサークルは、図1-7のようになります。

　私もまず、この図を描いてから、自身の事業をスタート

図1-7

ゴールデンサークルの実施例
（やさしいビジネススクール）

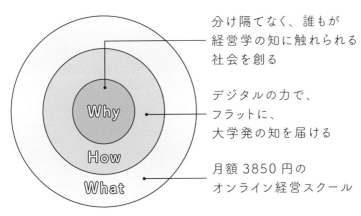

分け隔てなく、誰もが
経営学の知に触れられる
社会を創る

デジタルの力で、
フラットに、
大学発の知を届ける

月額3850円の
オンライン経営スクール

させました。確かに、このパーパスという明確な指針があることで、ブレずに経営ができているように思います。

よいパーパスの特徴：長期的・挑戦的・具体的

　自社が果たしていくべき社会的な存在意義として、どのようなパーパスが望ましいのでしょうか？

　その特徴としては、「**長期的であること**」「**挑戦があること**」「**具体的であること**」の３つの要件が大切とされます。遠くからでもはっきり見えて、動くことがなく、そこに至ることは果てなく遠いもの。パーパスはこの意味で「航海における北極星」のようなものともいわれます（図1-8）。

図1-8
....

パーパスは北極星のようなもの

パーパスには第1には、長期的であることが望まれます。

極端な話、長期の展望を持たずに「明日何をやるか」を毎日考えているようでは、活動はブレブレになってしまいます。

毎日、毎月、毎年の活動に、一貫した方針を与えられるもの。それくらいの長期にわたって、自社の基本的な向かうべき方向性として設定できるもの。そうした展望こそが、自分自身、そして仲間たちにとっての目指すべき北極星となります。

次に、挑戦があること。実はこれは、とても大切なことです。仲間たちの活動に精力を与え、努力や創意工夫を引き出すための秘訣が、挑戦があることです。人の活動のモチベーションの、少なからぬ部分が「好奇心」であるということを知っておきましょう。新しいことに挑戦する、新しい学びを得る、そうした刺激は人にとって大切なものなのです。

加えていえば、仲間たちの現在の取り組みの単純な総和で達成できる未来であるなら、わざわざリーダーが大げさに「これが私たちのパーパスだ」などと、言う必要はありません。放っておいても、達成できます。

だとすれば、「リーダーは特に何も価値を生んでいない」ということになりますね。仲間たちの努力を引き出し、その総和を単なる足し算以上のものにするのが、リーダーの役割。その意味で、組織やメンバーの成長にとって適切な

レベルの挑戦を与えてあげることが、パーパスに求められる第2のものです。

　そして第3には、パーパスは「具体性」を帯びているべきです。「具体的にすると、長期性が失われてしまうのでは……」と懸念された方は、鋭いです。未来像を具体的に描けば描こうとするほどに、そんな具体的にできる未来像などごく直近までのものになりがちです。もちろんその逆に、遠くを展望するほどに、「そのときに自社がどうなっているか」という細部の具体性は失われがちです。

　あなた自身や、仲間たちの視点から見て、バランスのよい長期性と具体性の両立が、ここで求められることです。つまり、具体性を失わない、最大限の長期展望です。一概にその数字が定まるわけではありませんが、「10年先にどうなっていたいか」というくらいが、パーパスが構想される際によく設定される時間軸です。本当にその通りに実現できるかどうかはともかく、10年先くらいまでは経営者／リーダーとして見通しておきたいものです。

戦略の「シナリオ」の4要素：STAR

　経営戦略「目的を達成するためのシナリオ」の第2の構成要素であるシナリオとは、どのようなものでしょうか？

戦略として備えているべきシナリオの特徴についても多くの人たちに深く研究され、さまざまな理論がありますが、広く共通認識となっているのが、**現状認識（Situation）**があり、目指すべき**目標（Target）**があり、そこに至るための**行動（Action）**があり、**その結果（Result）**がどうなるのかという4つの要素です。

　これはコミュニケーション学の世界でも、出来事や計画をわかりやすく伝えるときの方法として知られており、頭文字をとって「**STAR**」と呼ばれます（図1-9）。

図1-9

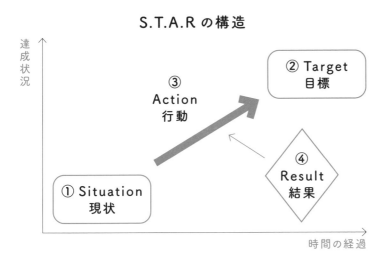

S.T.A.R の構造

達成状況

③
Action
行動

② Target
目標

④
Result
結果

① Situation
現状

時間の経過

　STAR の概念自体はコミュニケーション学のものですが、経営戦略のシナリオに求められる4要素とも一致する、上手なまとめ方だと思いましたので、本書でもこの枠組みに沿ってお伝えします。

では順番に検討していきましょう。

第1の「**現状理解**」（Situation）は、シナリオの始まりです。中国の軍事戦略における古典『孫子』の中には「彼を知り己を知れば百戦して危うからず」という言葉があります。これはまさに「現状理解こそが大切である」を意味する言葉です。

大きな目標に向かって動き出していくためにも、まずは現状がどうなっているのかを把握する必要があります。大きな目標の達成が、どれくらい難しいことなのか。特に、どのような点で努力が必要となるのか。適切な方針を立てるためにも、まずは現状理解が欠かせません。

第2は、**当座の目標**（Target）です。目標とは、目的よりももう少し目近な、具体的な数値や言葉で定義できる、数年後の状態です。この数年後の状態のことをビジョン（Vision）という言葉で表すことも多いですね。

資生堂の例でいえば、「一瞬も一生も美しく」が企業としての存在意義、目的であるとして、それを世界の競争・市場動向を踏まえて具体的な方策としてブレイクダウンした「世界で戦えるアジア発のグローバルビューティカンパニーになる」「2020年に売上目標1.2兆円超」「プレステージ市場で40%の売上」などが、目標／ビジョンです。自社が長期的に目指していくべき大きな目的と現状理解の両方を踏まえて設定されるものが、目標：Target なのです。

第3は、**目標と現状とをつなぐ具体的な行動計画**

（Action）です。具体的な行動計画が与えられていなけれ
ば、人々はそれぞれにバラバラの行動をとり始めてしまい
ます。どんな手段で、どんな市場を目指して、どう行動し
ていくのか。この点にまで精緻な方針が立てられていて初
めて、組織としてまとまった行動がとれるようになります。

　そして第4は、**結果の予測（Result）**です。行動をとっ
た結果として、さしあたりこの数カ月でどのような結果が
得られるのか。1年後にはどうなっているだろうか。そう
した結果の予測が立てば、それを計画・管理指標として、戦
略を実行開始してから、逐次進捗状況をチェックできるよ
うになります。この、結果の予測なしには、実行プランが
詳細に組み立てられなくなってしまいます。

　かくして、**現状：Situation、目標：Target、行動計画：
Action、結果予測：Result の4要素の頭文字をとった STAR
が、経営戦略における基本要素**となります。
　コミュニケーション学で生まれた概念ですから、STAR
は人に説明するときに、この順序で話すと効果的というこ
とでもあります。

**「今、私たちの状況は〇〇じゃないですか。でも、私たち
としては△△を目指していかなければならない。だとすれ
ば、今やるべきことは□□ですよね。それが実現できてい
るかどうかは、1カ月後に◇◇を達成しているかで、チェッ
クしてみることにしましょう」**

このように、ステップ・バイ・ステップで、現状から順にお互いの共通理解を作りながら話を進めていけることから、STAR は、採用面談やコーチング、現場での問題解決のための会議などで、幅広く使われてきました。すなわち、STAR は人の思考の自然な流れに沿っている考え方や話し方でもあるわけです。

　自社の戦略を、仲間や外部の人に説明する場合も同様です。
　プレゼンテーションのような場を想定したとして、最初は、会社としてのパーパスを皆さんと共有します。そこから、そのパーパスを実現するにあたって、現状理解、数年先に目指すべきゴール、そのギャップを埋めるための策略、その実行がうまくいっているかのチェック体制……と、順に共有していく。
　戦略は相手に正しく伝わってこそ成果につながります。その意味で、STAR の構成要素と順序は、シナリオを伝えるという観点からも、とても重要なものです。

本書の7時間の流れ

　大きなパーパスを抱く。それを達成するために、ステップ・バイ・ステップで、骨太かつ説得的なシナリオを描く。そして、実行する。それが経営戦略であり、皆さんがこの

本でひと通りを学んでいくことです。

　とはいえ、本での学びだけでは、限界があるのは事実です。でも、それは、どんな学び事だって同じことです。まずは基本を座学で学び、そして、実践の中で体得していく。その第一歩を踏み出すために本書を使ってもらえたらと思います。

　さて、次章以降は、この戦略の立案から実行までのプロセスを精緻化していきます。とはいえ、皆さんはさほどガチガチに「一字一句漏らさず、完璧に理解し、覚えてしまおう」などと思う必要はありません。経営の技能で大切なことは大枠で概要をつかみ、その理論の意味する大切なことを自分なりに吸収していけばよいでしょう。そして、全7章分の講義を受けたのちには、皆さんなりの経営戦略の概観ができあがっているはずです。

　次章以降の流れを簡単に確認しておきましょう（次ページ図1-10）。
　2時間目では、現状分析や、会社がどちらの方向を目指していけばよいかの、すべての起点として、ざっと現状を把握し、大枠の戦略の方向性を立てる方法として、**SWOT分析**という手法を身につけてもらいます。

　次の3時間目からは、少し細かくものを見ていきます。
　3時間目と4時間目では**会社の外側に目を向けて、競争環境の中で、どう戦うのか**を定めます。一方、5時間目で

は会社の内側に目を向けます。長期にわたって生き抜いて
いけるような、組織の力を育てるために、何をするのかを
考えるのです。

図 1-10
....

本書の構成

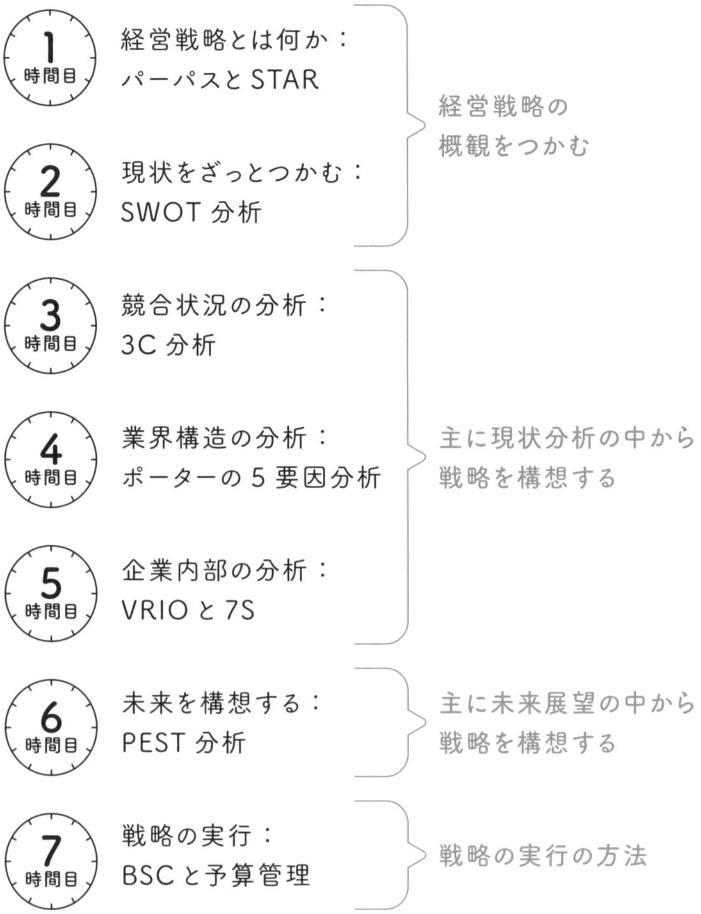

1 時間目 経営戦略とは何か：
パーパスと STAR

2 時間目 現状をざっとつかむ：
SWOT 分析

経営戦略の
概観をつかむ

3 時間目 競合状況の分析：
3C 分析

4 時間目 業界構造の分析：
ポーターの 5 要因分析

主に現状分析の中から
戦略を構想する

5 時間目 企業内部の分析：
VRIO と 7S

6 時間目 未来を構想する：
PEST 分析

主に未来展望の中から
戦略を構想する

7 時間目 戦略の実行：
BSC と予算管理

戦略の実行の方法

3時間目〜5時間目までが現状を分析することに比重を置いた手法であるなら、6時間目は、未来の変化を展望する回です。これから何が起こっていくのかを考慮し、その変化の中で、自社の目指す道をどう描くのかを学びます。

　そして、最後の7時間目では、描かれた戦略をどう実行計画に落とし込んでいくのかをお伝えします。

　さて、「はじめに」でも伝えましたが、私は皆さんに、頭を悩ませながら、また日々学びと発見を感じながら行なう経営というものが、いかに楽しく、いかに「人生を生きている」と実感させてくれるものになるのかをお伝えしていきたいと思っています。

　次章以降も、私なりに、経営をすること、戦略を考えることがどれだけ楽しいことなのかを伝えられるように、実用性と楽しさの両立をはかりながら進めていきたいと思います。引き続き、気軽に楽しみながら、頭を使っていただけたらと願っています！

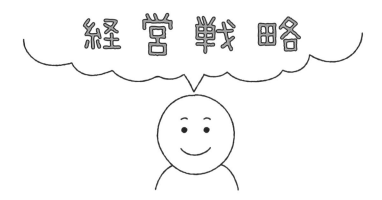

今、自分が携わっている事業、あるいはあなたが今、心に描いている新規事業について、ゴールデンサークルを作成してみてください。さらに、そのパーパスを達成するためのシナリオ、STAR を描いてみてください。

回答例

ヤマト運輸のゴールデンサークル

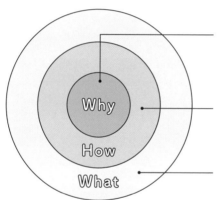

お客様に感謝される、
および配送業を一流の
産業にするために

かつてない
ハブ＆スポークの
発想で

消費者間を結ぶ
個別宅配事業を行なう

　この回答例は、かつてヤマト運輸が、日本で初めて個別宅配事業に乗り出したときのことを筆者なりに整理してみたものです。

　同社はそれまで、百貨店などの荷物を扱う商業輸送業者でした。大口顧客からいいように使われても、感謝もされない配送業の状況を問題視し、心を痛めたのが、同社の社長・小倉昌男氏でした。お客様に感謝されるべく、配送業を一流の産業にしなければならない、と戦略転換をはかったのです。

　それからの小倉氏は、日本と世界のさまざまな知識を学習・収集し、

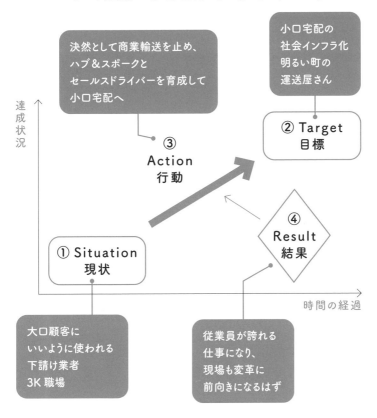

ヤマト運輸　小倉昌男氏の戦略（STAR）

決然として商業輸送を止め、
ハブ＆スポークと
セールスドライバーを育成して
小口宅配へ

小口宅配の
社会インフラ化
明るい町の
運送屋さん

② Target
目標

③
Action
行動

④
Result
結果

達成状況

① Situation
現状

時間の経過

大口顧客に
いいように使われる
下請け業者
3K 職場

従業員が誇れる
仕事になり、
現場も変革に
前向きになるはず

ついにハブ＆スポークという仕組みにたどり着きます。これを用いれば、消費者間を結ぶ小口宅配を採算に乗せることができる。そうして、小口宅配を行ない続ければ、消費者に認知が広がり、お客様に配送の仕事が感謝されるようになる。その結果、従業員も自社のことが誇れるようになり、変革は加速していくはずだ、と考えたのです。

　小倉氏のこの構想は見事にはまり、ヤマト運輸は世界で初めて個別宅配事業を採算に乗せた企業となり、日本を物流大国にまで引きあげることに成功したのでした。

1時間目のまとめ

☑ 経営戦略とは、「どう戦うのか」を明確にする「この世界における、会社のありようの規定」。

··

☑ 経営戦略は、その会社が社会に対して何をなすかという「外的な在り方」の表明であるとともに、会社のメンバーに、そこで働く意味や目指すべき方向性を与える「内的な求心力」。

··

☑ 経営戦略を立てることは、会社経営者だけでなく、現場のマネージャーやスタッフにとっても有益。また、経営戦略の考え方は、個人のキャリア戦略や人生戦略にも使える。

··

☑ 経営戦略について学ぶと、自社の経営陣の考えや方針が理解できるようになるとともに、それを自分の職務に反映させることで、個人として成果をあげられる。

··

☑ 自社の存在意義を意味するパーパスこそ、企業の戦略立案の起点であり、求心力の本質。

··

☑ パーパスには「長期的であること」「挑戦があること」「具体的であること」の3つの要件が大切。

··

☑ 戦略のシナリオは、現状認識（Situation）があり、目
指すべき目標（Target）があり、そこに至るための行動
（Action）があり、その結果（Result）がどうなるのかと
いう4つの要素（STAR）で構成される。

さらに学びを深めたい人のために

〈参考文献〉

『パーパス経営』
（名和高司、東洋経済新報社、2021年）

近年の経営戦略の中でも、パーパスが特に重要となっていることを論じ
た本。どうパーパスを構築すればよいか、またそれが経営の中でも特に
大切であることが議論されています。

『FIND YOUR WHY
あなたとチームを強くするシンプルな方法』
（サイモン・シネックほか、
ディスカヴァー・トゥエンティワン、2019年）

「すべての行動はWhy（なぜ行なうか）から始めよ」というゴールデン
サークルを提唱したサイモン・シネックによる著作です。サイモン・シ
ネックは自身も起業家であり、起業の方法や在り方を考える思想家・ラ
イターでもあることから、単に概念としてだけではなく、リアリティの
あるものとしてWhy（パーパス）の大切さを理解できます。

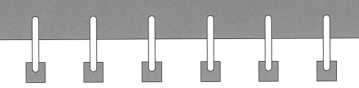

2時間目

経営戦略の
基本中の基本
「SWOT分析」

2時間目で学ぶこと、押さえてほしいこと

現状分析のための基本手法となるSWOT分析。難しく考えることなく、個人で、グループで、パッと現状の概略をつかむための手法として、その用法や限界を理解しながら、正しく使えるようになりましょう。

SWOT分析
よい戦略は現状把握から生まれる

　あるべき姿をはっきりと描けたならば、経営戦略の次の
ステップは、現状をなるべく客観的に把握しようとするこ
とです。経営戦略が、未来と今とを結ぶものである以上、こ
の2つを明確にすることから次のステップが始まります。

　現状分析のための基本手法となっているものが「**SWOT
分析（スウォット分析）**」です。自社の現状を、よい要因と
悪い要因に、そして内側と外側とに分けて整理する分析手
法です。すなわち、自社内のよい要因とは「**強み：Strength**」、
自社内の悪い要因は「**弱み：Weakness**」、社外のよい要因

図2-1

	内部状況	外部状況
社名：		
あるべき姿：		
よい要因	強み：Strength	機会：Opportunity
悪い要因	弱み：Weakness	脅威：Threat

は「**機会：Opportunity**」、社外の悪い要因は「**脅威：Threat**」であり、この4象限でものごとを整理することで、偏りなく、見落としなく、現状を振り返ります（図2-1）。

　SWOT分析の源流は、古くは古代中国の戦略家、孫子の兵法にある「彼を知り己を知れば百戦して危うからず」に求めることができます。近代の経営学に登場したのは、1960年代です。現代の経営戦略論が創始されたときに、創始者であるアンゾフ（Ansoff）やアンドリュース（Andrews）たちによって、基本分析モデルとして提案されています。

　SWOT分析は、分析手法としても大変に優れていますが、それ以上に大切なことは、SWOT分析こそが戦略分析の理論的基礎を為している、ということです。「内・外の両面を見ましょう」「よい点・悪い点の両方を見ましょう」と

図2-2

1960年代
基本フレームワーク
内・外の区別
よい点・悪い点の区別
SWOT分析

1970年代〜1980年代前半
企業外部の分析
機会・脅威を知る
競合分析
5要因分析

1980年代後半〜1990年代
企業内部の分析
強み・弱みを知る
VRIO分析
バリューチェーン分析

良　内　外　悪

いう抜け漏れのない基本フレームワークが提示されたこと
で、経営戦略はその後、企業の外部を分析する手法群が
1970年から80年代前半にかけて発達し、その中で機会や
脅威の分析手法が生まれました。次いで1980年代後半か
ら90年代にかけては、企業内部分析の手法が発達し、強
み・弱みを分析する手法ができあがったことで、学問体系
として構築されていったのです（前ページ図2-2）。

SWOT分析を使う際のポイント

　**SWOT分析を使う際のポイントは、自分の思考の偏りを
知ることです。**人には思考のクセがあります。楽観的に考
えがちな人もいれば、悲観的に考えがちな人もいます。楽
観的にものごとを見る人はリスクを見落としがちですし、
悲観的にとらえる人はものごとのポジティブな側面を見落
とします。ですから、自分のクセや、職場・会社の考え方
のクセをしっかり把握したうえで「自分は／自社は少し悲
観的にものごとを見すぎる傾向があるな」などと自己分析
したならば、ものごとを見るときにポジティブな側面を意
識的に検討するようにし、思考のバランスをとるのです。

　これは内・外についても同様です。人・職場によっては、
社内のことにより目が行くでしょうし、その逆もあるで
しょう。その場の全員で、なるべく中立的な視座を得るた

めにこそ、SWOT 分析は用いられるべきなのです。思考の中立性を得るために用いられてこそ、SWOT 分析は力を発揮します。ひるがって、日ごろから SWOT でものごとを考えるようにすれば、あなたの戦略分析能力を高めていくことができるでしょう（図2-3）。

図 2-3

SWOT分析は、
「思考のあるべき形」を習慣づける

Strength 強み	Opportunity 機会
Weakness 弱み	Threat 脅威

ただし、**手法にとらわれないことが肝心です。**「４象限を
きれいに埋めるゲーム」をしているわけではありません。い
くら考えても、埋まらないこともあります。また、「**これは
よい要因なのか？　それとも悪い要因なのか？」を厳密に
区別する必要もありません。**

　たとえば、マクドナルドの短時間ですぐにオーダーに応
えられる能力は、同社にとって強みでしょうか？　それと
も弱みでしょうか？

　忙しいお客様にすぐに商品を提供できるという意味では
強みですが、長い時間を、落ち着いた気分ですごしてもら
う雰囲気を醸し出したいのであれば、むしろ弱みともとれ
ます。そこに厳密にこだわる必要など、ありません。ある
面では強みといえるが、また別の見方をすれば弱みともい
える――そうした議論がきちんと行なわれることこそが、
本質なのです。

　それは「内部要因なのか？　それとも外部要因なのか？」
についても同様です。すべては、よい策を立てるための思
考のインプットです。分類をすることは議論のためのきっ
かけや、思考に刺激を与えるためのものでしかありません。

　さらに、実際に使う場面を想定して話を続ければ、もの
ごとの粒度（大きい事柄なのか、小さい事柄なのか）をそ
ろえる必要はありません。人によって、思考が回りやすい
粒度は違います。特定の粒度にそろえることで、頭が回り
にくくなる人もいます。誰かにとって快適な粒度は、別の
誰かにとっては不快かもしれません。ですから、粒度はそ

ろえるべきではないのです（SWOT分析に限らず、あらゆる分析手法でグループワークをするときのポイントです）。場を活性化し、思考力を最大化することが、よいアイデアを出すために大切です。そのためには、誰かにとって窮屈になるルールは撤廃すべきなのです。

　ここまでで、SWOT分析を行なうための準備は完了です。続いては、実際にSWOT分析を用いて分析を行なってみましょう。

実践SWOT分析　──出前館の経営改革

　今回、皆さんにチャレンジしていただくのは、デリバリーサービスを提供する出前館です。同社は大阪発のベンチャーで、創業はかなり早く1999年のことです。ウーバーの創業が2009年、ウーバーイーツが2014年にスタートしたことを考えれば、食品デリバリーサービスに対する先見の明が非常に高かったといえるでしょう。現在はソフトバンク系列、直接的にはLINEの傘下で活動しています。

　日本が誇る世界に先んじたフードデリバリーサービスではありましたが、現在、ウーバーイーツなどのほかのデリバリーサービスとの競争もあって、業績はあまり振るいません。売上は伸びていますが、それとほとんど同額の赤字を出しており、身を削りながら成長しています（次ページ図2-4）。

図 2-4

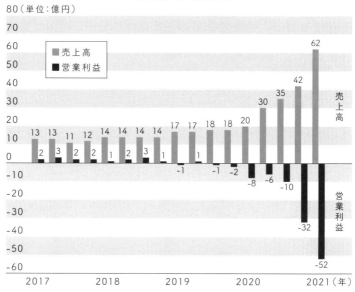

出前館 業績推移

80（単位：億円）

皆さんには、この会社の未来をどう創っていけばよいか、SWOT分析を用いて作戦を立ててみてもらいたいと思います。スマートフォンやPCで調べて、自分なりにつかんだ情報を、SWOT分析にまとめ、それらの情報をもとに戦略を立ててみてください。

問題

出前館について自分なりに情報を集め、SWOT分析にまとめてください（10分）。その情報をもとに、戦略を立ててみてください（5〜10分）。

皆さん、できましたでしょうか？

　私が実際に自分のスクールの受講生たちと一緒に SWOT 分析をまとめてみたのが図2-5です。作成に20分ほどかかっています。一部、失礼な表現があるかもしれま

図 2-5
....

社名：**出前館**

あるべき姿：**トップシェアを維持しつつ、黒字化する**

	内部状況	外部状況
よい要因	強み：Strength ・資金潤沢 ・ソフトバンク系列 ・LINEとの連携 ・DXを進めている ・吉本との連携 ・シェア1位 ・提携先が多い ・資産と人員を抱えている ・服装がしっかりしている	機会：Opportunity ・サービスがわかりやすい ・ドローンなどの活用 ・コロナ・テレワークで需要増大中 ・飲食店の負担を下げてくれる ・検索ヒット率が高い ・飲食店加盟料が安い ・大都市圏に人口集中 ・外国人需要 ・清潔感を感じてもらっている
悪い要因	弱み：Weakness ・バッグがかっこわるい ・社会的偏見がある ・ロゴがイケてない ・名前がイケてない ・資産過剰のため 　業態転換しにくい	脅威：Threat ・地方の細部まで 　カバーできていない ・提携先が多いことが知られていない ・クーポンばかり使われる ・ユーザーが依然取り切れてない ・後発イメージ ・営業さんがあんまり来ない ・自宅を知られたくない ・価格競争に陥りやすい ・差別化要素が少ない ・コンビニも競合している ・新規参入が増えている

せんが、短時間でのワークの空気を伝えるためにそのままの内容を掲載していることをご了承ください。

アイデア出しのセッションとして、自由闊達に出してもらった様子が、伝わるのではないかと思います。粒度をそろえず、主観を交えても OK で、どの象限に何を入れるのが正しいのかも吟味していません。大切なのは、その場にいる全員の思考が活性化し、没入状態になれることです。

また、SWOT を行なうにあたって「**あるべき姿**」を定めていることにも注目していただきたいと思います。ここがブレると、何が好材料で何が悪材料なのかの認識もズレてきてしまいます。経営戦略は、最初に「あるべき姿」があってこそ意味があるのですから、**SWOT 分析をするときにも、最初に「あるべき姿」を定めておくことが大切です。**

ただし、これは前半半分にすぎません。私たちは、SWOTの 4 マスに、たくさんの情報を埋めるゲームをしているわけではありません。これをもとに作戦を立てることが目的です。戦略立案のない SWOT など、何の役にも立ちません。情報のインプットまでが半分。ここから先も、皆が自由闊達に考え、意見を言える場を維持しながら、たくさん策略を立ててみるのです。

同じセッションの中で出た次なる作戦の案を紹介します。

作戦の案（一部）

- デリバリー人員のサービス力向上
- UI ロゴのデザインの改善
- ほかのデリバリー会社をM&Aする
- 有力外食店と組む
- 自動運転やドローンの活用
- マーケティングパートナーを見直す
- 薬や日用品を商品として取り扱う
- 高齢者見守り／話し相手のサービスを提供する
- 資金調達する
- アプリのレコメンド機能を充実させる
- 行政との健全な提携を行なう
- 法人への給食事業に参入する
- ホテルと提携する
- 佐川男子のように出前館アイドルを養成する
- アマチュアスポーツと連携、
  スポンサードしつつ利用してもらう
- 新聞や牛乳の配達などもカバーする

　正直、レベルは玉石混交ですが、このように多数のアイデアを出すことで、効果的な次の戦略が見えてくるのです。皆さんも、自分なりに戦略案を立てることができたでしょうか？

クロスSWOT──具体的な策を練るための分析手法

　ここで、SWOT分析から策を立てていく際に使える、もう一段上の分析手法「**クロスSWOT**」を紹介しましょう。こちらは、企業の現状分析をする際に必須というわけではありませんが、アイデア出しのための手法として理にかなったものなので、知っておいて損はありません。

　クロスSWOTは、SWOT分析で収集した情報をもとに、掛け算思考の発想を用いて、具体的な戦略方策のアイデアを出すために使えるものです。
　社内の強み・弱みを横軸に、社外の機会・脅威を縦軸にとり、社内の要素と、社外の要素とを掛け合わせて「強みを活かして機会にチャレンジする」「強みを活かして脅威に対応する」「機会を活かして弱みを補う」「弱みであり脅威になっている部分を発見し、対策を打つ」と発想するのです（次ページ図2-6）。

　クロスSWOTは、次なる経営戦略のアイデアを考える際に力を発揮しますが、それは「**掛け算思考**」（Combinative thinking）という思考法を下敷きとしています。
　たとえば、インターネット技術と文章解析の技術が組み合わさってグーグルが生まれたように。あるいは、子どもの好きなアンパンがスーパーヒーローになったら……とアンパンマンが生まれたように。はたまた、かくばった線で

力強さを表現するアフリカ芸術と、デフォルメをすることを通じて動作や特徴を強調するマティスらの芸術を深く咀嚼（そしゃく）する中から、ピカソがキュビズムを生み出したように。

通常から外れた自由な発想をするために、きっかけを与えてくれる1つの手法が、掛け算思考なのです。

図 2-6
....

クロスSWOT

	強み	弱み
機会	強み × 機会	弱み × 機会
脅威	強み × 脅威	弱み × 脅威

> SWOT からの戦略立案は、要するに複数要素の
> 組み合わせ発想なので、それを手法化してしまえばよい

　クロス SWOT は、会社の内外の状況を掛け合わせて発想することで、新しい視点を提供してくれます。

　先ほどの出前館のワークで集めた情報を整理し、そこからアイデアを出してみたものが次ページ図 2-7 となります。伸ばしていきやすい、強みで機会を捉えられるのはどこか？　致命傷を負いやすい、弱みと脅威が重なってし

図 2-7

出前館　クロスSWOT

あるべき姿：トップシェアを維持しつつ、黒字化する

	機会：Opportunity	脅威：Threat
	・サービスがわかりやすい ・ドローンなどの活用 ・コロナ・テレワークで 　需要増大中 ・飲食店の負担を 　下げてくれる ・検索ヒット率が高い ・飲食店加盟料が安い ・大都市圏に人口集中 ・外国人需要 ・清潔感を感じて 　もらっている	・地方の細部までカバーできていない ・提携先が多いことが 　知られていない ・クーポンばかり使われる ・ユーザーが依然取れてない ・後発イメージ ・営業さんがあんまり来ない ・自宅を知られたくない ・価格競争に陥りやすい ・差別化要素が少ない ・コンビニも競合している ・新規参入が増えている
強み：Strength ・資金潤沢 ・ソフトバンク系列 ・LINEとの連携 ・DXを進めている ・吉本との連携 ・シェア1位 ・提携先が多い ・資産と人員を抱えている ・服装がしっかりしている	**機会を 強みで得る** 潤沢な資金で ドローン配送に乗り出す 大都市圏市場を 多数の提携先で固める	**強みで 脅威に対応する** 潤沢な資金で 地方を先んじて制する DXを活用して自宅に 配送員が来なくても 済むような プライバシーを守った デリバリーをする
弱み：Weakness ・バッグがかっこわるい ・社会的偏見がある ・ロゴがイケてない ・名前がイケてない ・資産過剰のため 　業態転換しにくい	**機会で 弱みに対応する** コロナやテレワーク 状況の人々を支援して 社会的イメージを 改善する 多量に抱えた 人員・資産で大都市圏 でのシェアを拡大する	**脅威と弱みが 重なる課題点に 対応する** 地方において、 イメージが悪いことに 対し広告を打ったり、 自治体と連携して 早々に手を打つ

まっているのはどこか？　新しい発見があることがおわか
りいただけるでしょう。

　このように、単一の要素からでは見えないけれども、掛
け合わせてみれば見えてくることもあるのです。個人とし
ても、グループとしても、思考に行き詰まったらクロス
SWOT を活用してみるとよいでしょう。

SWOT 分析の特徴は「カジュアルに使えること」

　SWOT 分析をめぐっては、総じて「カジュアルすぎて、
緻密な戦略の構築や、正しい現状理解につながらない」と
いう批判があります。より詳細に批判の声を聴いていけば、
たとえば次のようなものです。

　・情報の正確性が担保されない
　・各要素を深く分析していくことに適さない
　・なぜそうなっているのか過去の文脈がわからない

　つまり、SWOT 分析は「お手軽にさっと済ませるもので、
吟味・長考する企業の中長期的な意思決定には適さない」
という主張です。
　この主張は、ごく妥当なものです。SWOT 分析は、確か
に、お手軽なものであり、十分に事項を吟味したり、長く

深く考えたりするのには向きません。そのような目的で使う手法ではないことは、私もここで強調しておきたいと思います。

　しかし、これらのSWOT分析の限界・批判は、SWOT分析の長所と表裏一体のものです。**SWOT分析は、数ある経営学の手法の中でも、最も手早く気楽に、難しい理屈やら高度な思考を用いることなく現状をパッと整理できることに、強み・魅力があるのです。**

　個人として、チームとして、ざっと現状を俯瞰しておくために。また、そこから簡単な方針を立てておくために。メモ1枚、スマホ1台あれば、移動中の電車の中でも、すぐに実施できるのがSWOT分析の魅力なのです。

　SWOT分析だけで十分な分析ができるわけではないことを肝に銘じつつ、深い戦略分析に進んでいく前に、自社や自分をとりまく現状について、なるべくニュートラルに、よい要因・悪い要因、内側・外側と思考を整理しておく。そうしたカジュアルな分析をするためのツールとして、皆さんにはSWOT分析を武器として手にとっていただきたいと思います。

演習問題②

今、自分が携わっている事業、あるいはあなたが今、心に描いている新規事業について、SWOT分析を行ない、そこから戦略を立案してみてください。次に、クロスSWOTを行なって、そこからも戦略を立ててみてください。

回答例

この回答例は、アサヒビールが「ドライビール戦争」で、キリンビールを逆転したときのものです。当時、アサヒビールは業界4位、市場シェアは8%程度の弱小企業でした。業界ではキリンビールが60%を超える圧倒的なシェアを誇り、酒屋さんから各家庭の自宅まで直接配送するビジネスモデルを確立し、他社につけいるスキを与えませんでした（図2-8）。

図2-8

アサヒビールのSWOT分析（1986年）

目標：キリンビールにシェアで逆転する

	内部状況	外部状況
よい要因	ドライビールで 技術的に先行	キリン以外のライバルは あまり強くない
悪い要因	生産能力が小さい 営業人員も少ない 広告費も少ない ブランド力がない	若者のビール離れ 圧倒的戦力のキリン 従来流通（宅配、飲み屋） はキリンが支配

そんな中で、アサヒビールは起死回生の一策を立てます。

当時、業界では技術革新が起こり、より炭酸の度合いを高め、ビールの純度をあげられる「ドライビール」という技術が登場していました。アサヒは、この技術に先行していたのです。生産能力も、営業人員も少なく、広告予算も小さいアサヒビールでしたが、若者のビール離れを「従来の苦い味わいや、旧世代への反発心である」と捉え、むしろ若者世代をターゲットに、新しい世代向けの、新しいビールとしてドライビールを提案したのです（図 2-9）。

図 2-9

アサヒビールのクロスSWOT（1986年）

目標：**キリンビールにシェアで逆転する**

	強み：Strength ・ドライビール	弱み：Weakness ・経営資源が少ない
機会：Opportunity ・キリン以外は強くない		
脅威：Threat ・若者のビール離れ ・従来流通はキリンが支配	ドライビールを、若者向けに、新しい流通チャネルで展開	

アサヒビールは、自社の強みであるドライビールの特長である「キレ」を売り文句に、若者たちに、従来の酒屋とは違う流通チャネルであるスーパーマーケットなどを使って積極攻勢をかけていきました。業界における脅威となっていた点を、逆手にとって自社が逆転を果たすための好条件に変えたのです。

結果的に新商品「アサヒスーパードライ」は大ヒットとなり、競合キリンの対策のもたつきもあって、1987 年の発売から 15 年後の2002 年にはついに業界トップのシェアを獲得するまでに至りました。

2時間目のまとめ

☑ 「SWOT 分析」とは、自社内のよい要因「強み：Strength」、自社内の悪い要因「弱み：Weakness」、社外のよい要因「機会：Opportunity」、社外の悪い要因「脅威：Threat」の4象限でものごとを整理することで、偏りなく、見落としなく、現状を振り返る分析手法。

....

☑ SWOT 分析を行なう際は、自分の思考の偏り（クセ）、職場・会社の思考の偏り（クセ）をしっかり把握したうえで、常に思考のバランスがとれているか（思考の中立性を保てているか）を意識することがポイント。

....

☑ SWOT 分析の4象限を無理して埋める必要はない。また、「これはよい要因なのか？　それとも悪い要因なのか？」「内部要因なのか？　それとも外部要因なのか？」を厳密に区別する必要もない。さらに、要因の情報粒度もそろえなくてよい。それよりもよい策を立てる議論を活発化させることを意識する。

....

☑ 「クロス SWOT」は、SWOT 分析で収集した情報をもとに、掛け算思考の発想を用いて、具体的な戦略方策のアイデアを出すための手法。社内の強み・弱みを横軸に、社外の機会・脅威を縦軸にとり、社内の要素と、社外の要素とを掛け合わせて「強みを活かして機会にチャレンジする」「強みを活かして脅威に対応する」「機会を活かして

弱みを補う」「弱みであり脅威になっている部分を発見し、対策を打つ」と発想する分析手法。会社の内外の状況を掛け合わせて発想することで、新しい視点を得られる。

☑ SWOT分析は、手軽に使える半面、十分に事項を吟味したり、長く深く考えたりするのには向かない。しかし、高度な思考法を使わずに短時間で現状を整理できるというメリットがある。

さらに学びを深めたい人のために

〈参考文献〉

『新訂　孫子』（金谷治、岩波文庫、2000年）

今から2500年前、春秋戦国時代の中国で執筆され、ナポレオンや徳川家康も愛読したとされる古今東西のベスト軍事戦略書。その論理はビジネスにも活用できることから、定期的にリバイバルブームが起こっています。経営戦略の基本にもなる「彼を知り己を知れば百戦して危うからず」がすでにこの時代に論じられていたことは注目すべきことです。このほか、「善く兵を用うる者は、道を修めて法を保つ」（戦いの上手な人は、人の心を1つにまとめ、隊の規律を守らせる）、「善く戦う者は、人に致して人に致されず」（戦いの上手な人は、自分が主導権を握り、相手に主導権を握らせない）、「善く戦う者は、先ず勝つべからざるを為して、以て敵の勝つべきを待つ」（敵から攻められてもいいように守りを固めたうえで、敵に勝てる好機を待つべし）など、非常に知見に富んだ内容です。

『アンゾフ　戦略経営論　新訳』
（H・イゴール・アンゾフ、中央経済社、2007年）

1960年代、経営戦略論が学問として誕生したその始まりにある、記念碑的業績です。SWOTの原型となるような社内・社外の分析手法が多彩に紹介されています。

『経営戦略全史』
（三谷宏治、ディスカヴァー・トゥエンティワン、2013 年）

経営戦略の歴史をたどり、素朴な SWOT 分析からどのように内部・外部の分析が発展してきたのかがわかります。経営戦略論の発展を展望できる良書です。

『戦略は直観に従う
──イノベーションの偉人に学ぶ発想の法則』
（ウィリアム・ダガン、東洋経済新報社、2010 年）

戦略を発想するための思考法について検討した本。グーグル、ピカソ、ナポレオンは、どうやって新しい方向性を発見したのか？　クロスSWOT で紹介した、掛け算的な思考法が戦略創発には大切であることを教えてくれます。

3 時 間 目

競争環境の
分析

3 時間目で学ぶこと、押さえてほしいこと

ビジネスの成功には周囲の環境をはじめ、さまざまな要
因が作用します。ですが、競争戦略を立案するために
は、その複雑な現実を、なるべくシンプルに読み解くこ
とが必要になります。ここでは、事業環境を単純であり
つつ鋭く分析するための手法として、3C分析と、その
アウトプットとしての2軸図によるポジショニングマップ
を習得しましょう。

まずは、「競争の構造」を押さえる

前章で解説した SWOT 分析は、カジュアルに会社をとりまく現状をざっと分析するための手法でした。ここから先では、競争の状況や、自社の内部状況など、もう少し細かく自社の状況を分析し、課題を特定、解決案を考えていくことを通じて、詳細な経営戦略を立てていくこととしましょう。

詳細な経営戦略立案の第一歩は、業界内での競争戦略を立てることです。

「自社は、どのような業界の中で、どのような競合と争いながら、どのような顧客をターゲットとしてビジネスをしているのか」──そんな業界内での自社の立ち位置の理解を踏まえて、今後、どう競合と戦っていくのかを決める。この業界内での戦い方の方針を「競争戦略（Competitive strategy）」といいます。競争戦略は、経営戦略のすべてではありませんが、自社の成功・失敗に最も大きな影響を与える最重要部分であることは間違いありません。まずはこの自社の競争戦略を分析し、必要に応じて大きな方針転換の意思決定を下すことが、詳細に立てていく場合の経営戦略の最初の一歩となります。

なお、この業界内での競合企業との「競争の構造」

（Competitive structure）よりも、さらに俯瞰的に自社・自産業をとりまく全体像を捉えた「産業構造」（Industrial structure）に対しても、理解を深め、策略を立てる必要があります（図3-1）。これについては、次の4時間目で詳しく解説します。

図 3-1
....

競争構造と産業構造

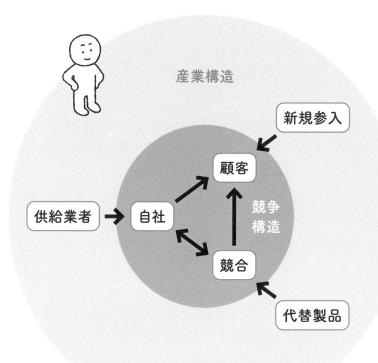

業界の構造分析に使える3C分析

　それでは、業界内での競争の状況を捉え、その中での策略を立てていくうえでは、どのような事項を分析する必要があるでしょうか？

　日本の著名な経営コンサルタントであり起業家でもある大前研一氏は、業界内の構造を分析するにあたっては、**「3C：Company（自社）、Customer（顧客）、Competitor（競合）について分析せよ」**と説きました。この３つを分析することで、漏れもダブりもなく、業界内でどういう競争が起こっているかの構図を描いていけるようになるのです。

　簡単な分析例を先に提示しましょう。ここでは、自動掃除ロボットのルンバを展開する iRobot を想定して、日本市場での競争状況を分析してみます（次ページ図3-2）。

　まずは自社の分析です。

　iRobot は 1990 年創業の米国企業です（皆さんが思っているよりも古い会社だったのではないでしょうか）。当初より AI を用いたロボット機器を開発していましたが、もともとは家電ではなく軍事用機器を作っていました。

　その後、事業を成長させるためにさまざまな AI の技術を展開し、その中で最も大きな成功を収めたものが家庭用掃除機のルンバでした。ルンバはまだまだ導入できる住宅は限られていますが、AI を用いて、人の手をわずらわせることな

図 3-2

3C分析

iRobot

- 1990年創業
- AIを用いたロボット機器の開発企業
- ルンバ：2002年発売
- 同社として初の家庭用電子機器
- AIを用いた自動掃除・自動給電
  システムが強み

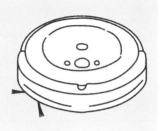

ダイソン

- 1993年創業
- サイクロン型を提案
- 吸引力が変わらないことが強み

日立・パナソニックなど

- 数十年前から事業開始
- 従来の掃除機を提案
- 静音、省エネなどが強み

日本の掃除機市場

- およそ900万台ほどの規模
- ロボット式はまだまだ少数派
- サイクロン式、紙パック式が
  大市場を席巻している
- スティック式も売れている

■ その他
■ ロボット
■ ハンディ
■ スティック
■ シリンダ（サイクロン式）
■ シリンダ（紙パック式）

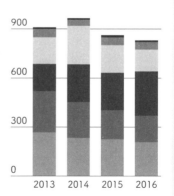

掃除機　市場規模の推移

く掃除を行ない、また充電まで行なえるようになって、この全自動掃除ロボットという市場での地位を確立しています。

　これに対して、競合状況はどうでしょうか？
　今、日本市場で強力なライバルとして立ちはだかっているのはダイソンです。1993年創業の英国企業で、現在はシンガポールに本拠地を据えています。
　大変強力な吸引力を誇る「サイクロン式」で一世を風靡し、現在では吸い込み口と本体が分かれていないスティック式が日本市場で広く受け入れられています。

　日本企業も負けてはいません。日立やパナソニックなどのメーカーは、長年の掃除機事業の中で、省エネ性能、静音性能などに秀でた、日本の消費者の心をつかむ可愛らしいデザインの商品を発売し、長らく競争力を維持していました。現在はダイソンや iRobot に対する競合商品として、サイクロン式のスティック型掃除機や、自動ロボットも販売しています。

　それでは、市場の状況はどうでしょうか？
　日本全体での掃除機の市場は実に年間800万〜900万台にものぼり、1世帯に数台の掃除機があるのが一般的です。従来型の紙パック式に加え、サイクロン式、ハンディ式、スティック式、そして自動ロボットと多様な製品が登場したことで市場が活性化したのです。すべての製品タイプが一定の販売量を確保していますが、自動ロボットの市場はま

だまだ小さいといえます。

　さて、皆さんならば、ここからどういう戦略を立てるで
しょうか？

　よろしければぜひここで立ち止まって、自分なりの答え
を出してから、先を読み進めてみてください。

回答例

ダイソンや日立などの競合企業と明確に差別化された自
動ロボット型の掃除機を展開し、市場は小さいながらも、
その中でしっかりトップシェアを確保していく。

　おそらく多くの方がこのような結論に至ったのではない
かと思います。

　別の答えに至った方もいるでしょう。しかし、ここでは
どういう答えが出たかは、大切なことではありません。皆
さんは iRobot の中で働いている人ではないので、実態を
知っているわけではありません。また、私が提示した情報
もごく限定的ですから、意見が割れるのは、自然なことで
す。それよりも大切なことは、**おそらく検討した皆さんは
どなたでも、「自分なりに答えを出せた」のではないか、と
いうことです。**

　私がここまで説明してきた 3C に関する情報から、皆さ
んなりに競争の状況を頭の中に描いて、自分なりの答えを
出せたはずです。

これが3C分析の力なのです。

自社はどういう会社で、どのような強みがあり、どのような課題があるのか。一方、競合の会社の特徴や、強み・弱みはどうか。そして、顧客の動向はどうか。これらの情報を頭の中で組み立てていくことで、皆さんは競争の状況を頭の中に描き、自分なりの判断を下せるようになるわけです。

これが、競争構造を理解し、その中での競争戦略の立案をするために、皆さんがまずやるべきことなのです。しっかり3Cについての情報を集め、なるべく正しい競争構造の理解を得ることが大切です。

もし3Cに関するインプットが甘ければ、あなたは誤った競争構造の理解を頭の中に構築してしまい、結果として不適切な競争戦略を立案・実行してしまいます。

掃除機市場の例でいえば、ダイソンが採用している戦略についての認識が誤っていれば、それはiRobotにとって致命的な判断ミスになりかねません。市場で何が伸びているのかの理解を誤れば、自社の成長機会を逃してしまいます。

これに対して、私がここで提示したよりもはるかに多くの3Cに関する情報のインプットを得ることができれば、あなたはより正確に現状を把握し、適切な策略を立てられるようになる可能性が高まるはずです。

この意味で、3C分析は、競争戦略立案のために、なるべくじっくりと時間をかけ、多様に分析をする中で精緻な情報を集めるように行なうべきなのです。

2時間目で解説したSWOT分析が、「スピーディに、カジュアルな方法でよいから会社の概要をつかめばよい」としたのとは真逆です。自社の成功・失敗を左右しかねず、刻一刻と情勢が変わり得る「競争」という対象と向き合うためには、それなりに時間をかけた分析が必要不可欠となるのです。

　図3-1に、3C分析を行なうにあたって、どのような目

図 3-1

３Ｃ分析の概要

	Company 自社の分析	Competitor 競合の分析	Customer 顧客の分析
目的	自社の ビジョン、強み、 弱みを知る	競合の ビジョン、強み、 弱みを知る	市場の概況と、 顧客のニーズの 広がりを知る
データソース	① 有価証券 報告書など 会計資料 ② プレス リリースなど ニュース 記事 ③ アナリスト レポートや 業界統計 ④ 内部 メンバーへの ヒアリング	① 有価証券 報告書など 会計資料 ② プレス リリースなど ニュース記事 ③ アナリスト レポートや 業界統計 ④ 業界有識者 への ヒアリング	① 自社・ 競合会計 資料からの 推計 ② ニュース 記事 ③ アナリスト レポートや 業界統計 ④ 顧客への アンケートや ヒアリング

的で、どのようなデータソースにあたるべきなのかを整理
しておきました。皆さんが実際に現場で競争構造分析／競
争戦略立案を行なうときには、この表に沿って、一定の時
間をかけて情報を収集し、なるべく正確な自社理解を得ら
れるようにしてください。

3C分析を見える化する「ポジショニングマップ」

3Cに関する豊富な情報は、そのままでも競争戦略立案
にとても役立ちます。ですが、そのままでは情報として整
理されたとは言い難いのも事実です。なんとか、解釈しや
すく、判断をしやすいように、情報をまとめることはでき
ないでしょうか?

**そんな実務上の悩みに応えるようにして作られたものが
「ポジショニングマップ」です。2次元平面上に、顧客市場
の広がりを表現し、その上に自社と競合がどう位置取って
いるかを描いたものです。**1枚の絵の中に、自社、競合、顧
客の3つのCをすべて表現でき、かつ自社の特徴や、競合
との違いを明確に可視化できることから、多くの経営戦略
家たちに愛好されています。

まずは例を示しましょう。
次ページ図3-3は、先ほどのiRobotを想定したポジショ
ニングマップです。顧客市場の広がりを、「手軽さ」と「しっ

図 3-3

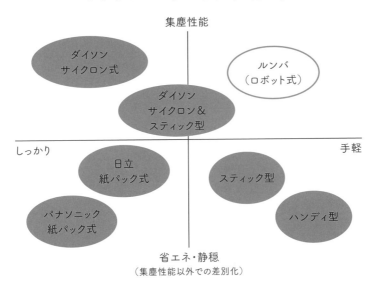

3C分析を1枚絵で表現する
ポジショニングマップ（2軸図）

かり」、「集塵性能」と「そのほかの機能」で分けたならば、
最大の競合であるダイソンは、その集塵性能の高さを売り
に、しっかり掃除をする用途の市場を押さえていることが
わかります。

　これに対して、ライバルの日系企業たちはしっかり掃除
をするにしても、音が静かであったり、省エネ性能であっ
たりという、ダイソンとは違うポイントを売りにしていま
す。手軽さを追求した市場では、スティックタイプや小型
のハンディタイプがその使いやすさを売りにして市場を伸
ばしています。このように分類してみると、手軽ながらロ

ボットがしっかり部屋のゴミを集めてくれるという集塵性能でアピールできる「手軽×集塵性能」のポジションこそが、iRobot がルンバで狙うべき市場だということになるでしょう。

　皆さんは、この図の中に３つの C がすべて表現されていることに気づいたはずです。顧客市場の広がり、競合の特徴、それらを踏まえた自社のとるべきポジションまでが、この２軸を使ったポジショニングマップに表現されています。国内掃除機市場の状況が１枚の絵で説明され、自社の競争戦略も一目瞭然です。こうした理由で、3C 分析の成果は、ポジショニングマップに整理されることが多いのです。

業界が変わっても　ポジショニングマップ作成の手順は同じ

　また別の例を示しましょう。
　こちらは、大塚製薬の目線から見た、飲料業界におけるポジショニングマップです（次ページ図 3-4）。栄養・水分補給か、それとも気分のリフレッシュか。若者向けか中高年向けか。そのように分類すれば、業界の各種商品が４象限に整理されます。
　そして、他社にそうそう真似のできないポジションとして、運動量が多く、体の代謝も早い中高生向けの水分・糖

分・塩分の補給ができる、製薬企業たる自社の優位性を存分に活かした商品「ポカリスエット」が、競争優位を獲得できているのです。

図 3-4
....

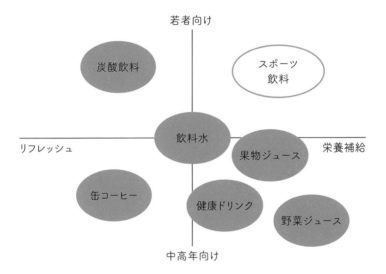

**缶・ペットボトル飲料の
ポジショニングマップ（2軸図）**

若者向け

炭酸飲料

スポーツ
飲料

リフレッシュ　　　　　飲料水　　　　　栄養補給

果物ジュース

缶コーヒー

健康ドリンク

野菜ジュース

中高年向け

　最後に、もう1つ例を紹介しましょう。

　こちらは、「しまむら」を主役とした、アパレル業界の場合です。差別化かコスト優位性か、広いユーザー層を狙うかニッチ層を狙うかの2軸で整理するなら、業界の雄・ユニクロは、コスト競争力で広いユーザー層を狙う戦略で市場をがっちりと押さえています。広いユーザーに向けて差別化品を展開する企業としては、ワールドやオンワード、ア

ダストリアなどが日本市場では高い競争力を誇ります。

　また、ニッチ分野にも強力な会社が少なくありません。スポーツウェアではナイキ、フォーマルウェアでは青山商事などの差別化ブランドが各市場を押さえています。そんな中で、低価格帯でファッション性の高い商品を提供する仕組みを構築した「しまむら」は、他社に真似のできないポジションを確保し、業界２位にまで躍り出ています。

　なお、この最後のアパレル産業を対象とした「**コストか差別化か**」「**広いターゲットかニッチか**」は、どんな産業にも一般的に当てはまり得る市場分類として知られます。後段でも登場する経営戦略論の大家、マイケル・ポーターが発案したもので「**一般戦略分析**」と呼ばれます（図3-5）。

図 3-5

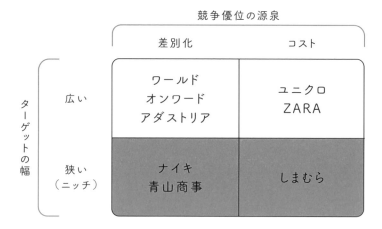

アパレル業界の一般戦略分析

<table>
<tr><td colspan="3" align="center">競争優位の源泉</td></tr>
<tr><td></td><td align="center">差別化</td><td align="center">コスト</td></tr>
<tr><td align="center">広い</td><td align="center">ワールド
オンワード
アダストリア</td><td align="center">ユニクロ
ZARA</td></tr>
<tr><td align="center">狭い
（ニッチ）</td><td align="center">ナイキ
青山商事</td><td align="center">しまむら</td></tr>
</table>

ターゲットの幅

市場で優位性を獲得する手段は、競合よりも高い値段で売るか、はたまたより低いコスト水準を実現するかの2パターンのどちらかしかありません。市場戦略にしても、他社に秀でるためには、「大きな市場でトップシェアをとるか」「ニッチトップになるか」のどちらかしかなく、この4パターンで市場での基本的な利益獲得パターンが網羅されるからです。

　このように、業界の競争状況を端的に示すことができる、2軸で表現されたポジショニングマップを描ければ、市場にどのような広がりがあり、そこに自社と競合がどう位置づけられるのかが見えてくるのです。

　2軸によるポジショニングマップこそが最も有用な3Cの整理手法であることは、主として認知科学の観点から説明できます。

　第1には、私たちの脳は、古来、ものごとを2次元的に平面で捉えることに長けていることが挙げられます。壁画や石板の時代から、紙、ディスプレイの現代まで、2次元平面こそが人の情報表現・情報処理の基本手段だったのです。3次元以上になると、とたんにわかりにくくなります。

　そして第2には、私たちの脳は、善と悪、白と黒、長いと短い、太いと細い、昼と夜、平日と休日など、ものごとを2つに区分するように考えるクセがあるということが挙げられます。

　こうした意味で、AかBかという2つの分類軸を用いて、

平面上に表現するというポジショニングマップは、誰にでも理解しやすく、思考が進みやすい手法として、長年愛用されているのです。

　なお、2軸図には2通りの使い方があります。

　1つは、「現状を認識する」ための使い方です。現状、顧客がどう散らばっていて、競合と自社はどうぶつかっているか／棲み分けているかを確認するという使い方です。ここまでは、そうした現状認識のための使い方を説明してきましたが、皆さんにはここでもう1つ、よりイノベーティブな**「空いている隙間を見つける」ための使い方**についても知っておいてもらいましょう。

　再びアパレル業界を素材とします。**切り口を変えることで、皆さんはまだ業界で見えていなかった市場がそこに存在していることに気がつくことができる**のです。

　2000年頃のことです。当時は、洋服のオンライン販売が始まった時期でした。前澤友作さんが創業したZOZOTOWNが大きな成功を収め、アパレル業界でeコマースが注目されるようになったのです。他方、業界においては「ユーズド商品」もまた1つのトレンドとなっていました。景気の悪化や、ものを大切に使う文化の普及、ビンテージ商品に価値がつくなどの要因が相互に絡まり合って、全国的に中古品市場が大きく拡大していたのです。

　この2つの業界のトレンドをかけ合わせれば、「今後、オ

ンライン上でユーズド商品が取引される時代がやって来る」というのは、かなり蓋然性の高い未来の予測となります。そうした見立てのもとで、オンラインフリマアプリとして参入した「メルカリ」は、大きな成功を収めることができました（図3-6）。

図 3-6
....

隙間を見つけるためのポジショニングマップ（アパレル産業の事例）

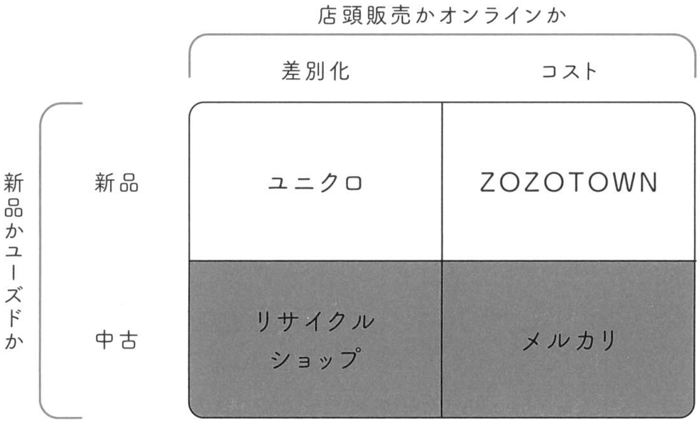

店頭販売かオンラインか

		差別化	コスト
新品かユーズドか	新品	ユニクロ	ZOZOTOWN
	中古	リサイクルショップ	メルカリ

このように、2軸図は、現状整理のみならず、何度も線を引き直してみることで、新機会発見にも役立てることができます。3C分析で集めた情報を分析処理するための有用ツールとして、皆さんにはぜひ使いこなしていただきたいのですが、その使い方のポイントを、いくつか説明しておきましょう。

● 競争を左右する、重要な分類軸を用いる

　ユニクロなどのアパレルを分析するにあたって、「ロゴの色が赤かそれ以外か」とか「店員がイケてるかイケてないか」といった分類軸では、各社の業績の違いを説明することはできません。**各社の戦略の違いを端的に説明できる／各社の成功理由を説明できるような軸を設定することが、第一のポイント**です。

● 何度も描いてみる

　２軸に何を採用するかによって、あなたは何枚ものポジショニングマップを描くことができます。先ほどのアパレル産業の例で見たように、現状の主要プレーヤーの戦略の違いを説明するような２軸図を描くことができれば、まだどんなプレーヤーも参入していないような隙間を見つけるための２軸図を作れます。

　１度作成して終わりにするのではなく、**なるべくたくさん、何度も描いてみることで、業界の理解が深まり、より多くのビジネスチャンスが見えてくる**ようになります。

● あえて単純化しているということを理解する

　そしてもう１つ、強調しておくべきことは、「**２軸図にマッピングすることで複雑な業界の状況をあえて単純化しているのだ**」ということです。２軸図では業界のすべてを

描けるわけではありませんが、そのような批判はナンセンスなのです。業界構造であるとか、１つの会社の成功を、たった１つか２つの要素で説明し切れないことは、当たり前のことです。企業の成功や失敗には、森羅万象のさまざまな要因が作用していると考えるべきです。しかし、人の脳はその森羅万象をそのまま解釈することはできません。

　現実世界が複雑であることを認めたうえで、ものごとの見通しがよくなるように、あえて人間が処理しやすいＡかＢかの２分類による平面図という形で、業界構造をシンプルに整理し直したものが、ポジショニングマップなのです（図3-7）。

図 3-7

複雑な現実をシンプルに理解できるようにするのが、2軸図の手法を用いるということ

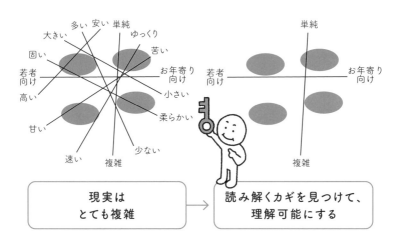

２軸にしたときには、そこには含まれない大切な要素は、どうしても抜け落ちてしまう。そのことにもしっかり留意しておく。そのうえで、なるべく業界の大切な構造を描き出せるよう、シンプルに図案化するのが、２軸図を作るという作業です。

２軸図から戦略を構想する

　競争環境分析のゴールは、「上手な２軸図が描けましたね」ではありません。経営戦略は、策を立てて完成です。この点、特に若い方はよく間違えます。「見事な２軸図分類をやってみせました」で満足してはいけないのです。２軸図は作戦を立てるためのインプット。本当にやるべきことは、そこから先。戦略を立てることです。
　皆さんは、先ほどの図3-3（75ページ）のような掃除機業界でのポジショニングマップを作図したとして、そこからどんな戦略を立てるでしょうか？　iRobotの立場になって、考えてみてください。

iRobotの立場になって、戦略を考えてください。

　皆さんは、どんな策を立てましたか？
　ポジショニングマップから描ける戦略には、率直なとこ

ろ、2つしかパターンはありません。3C分析に立ち返り、自社の強み・弱みや競合の強み・弱み、そして顧客の消費トレンドを踏まえて、①ポジショニングを変えるか、②今のポジショニングを堅守するか、です（図3-8）。

図 3-8

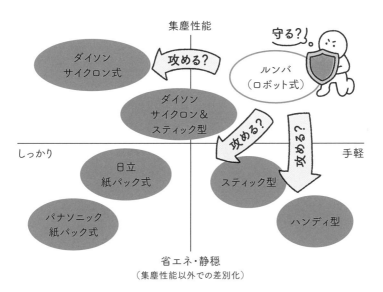

競争戦略は、今のポジションを守るか、別のポジションに攻め込むかのどちらかしかない

● ①ポジショニングを変える

3Cに照らして、より望ましいポジショニングがあるならば、すなわち、もし自社の競争力が活き、十分な市場がそこに存在していて、かつ、競合があまり優位を発揮でき

ていない場所があるのであれば、そこを狙いにいくのが戦略の１つの定石になります。

　たとえば、しまむらにとっては、どうでしょうか？

　自社の安価に調達し、流通販売させる優位性が、これまでよりもいっそう広く、さまざまな顧客のニーズに応えることができるなら、ユニクロとはまた棲み分けた形で、より広いマーケットに進出していくのが、自社の今後の成長戦略として望ましいものになるかもしれません。

　ただしこの積極戦略を採用する際には、ライバルからどう反撃されるかをよくよく検討し、勝ち抜けるかどうかを分析する必要があります。

　なまじライバルが押さえている市場に攻勢をかけたならば、業界は一気に戦国時代に突入します。自分の今のポジションに攻め返されるかもしれませんし、いたずらに自社の業績を悪くしてしまうかもしれません。圧倒的に勝ち切れるという見込みと、入念に準備された策略をもって、戦略転換を行なうべきです。

　たとえば、iRobot の場合は、ダイソンが占有している「自分でしっかり掃除する」という市場や、日系大手家電メーカーが占める「静音・省エネ」などをうたった市場、あるいはハンディ型やスティック型などのお手軽掃除機市場に攻め入れるような、新型商品を開発するという戦い方となります。

　ダイソンや日系家電メーカーがいる市場に入っていくの

であれば、AIやロボットの技術を使いつつも、あえて全自動ではなく、あくまで人が掃除をするけれども、それを技術で支援するようなモデルになるでしょうか。

また、ハンディ型と戦うなら、卓上や、ちょっとしたスペースをさっと掃除するための、小型であったり、特殊形状をしていたりする自動掃除ロボットを開発することになりそうです。

いずれの場合も、自社の強みが発揮できる特徴的な商品を出せるかどうかや、競合が追随してくるかどうか、顧客が好意的に受け止めてくれるかなどを、よくよく吟味しながら、勝ち切れるかどうかを考えなければなりません。

● ②今のポジショニングを堅守する

3Cに照らして、今のポジショニングこそが、自社の強みが活き、競合の優位が発揮されず、市場としても魅力的であるならば、そのポジショニングをしっかり守り切ることです。よりいっそう顧客のニーズに応えられるよう、オペレーションを磨き、組織の能力を高め、ライバルの追随を許さないようにする。他者が参入をあきらめるくらいに高い参入障壁を築き、自社の市場を堅守するのです。

・自社にしかできない固有の差別化をする
・自社固有のビジネスモデルにより、コスト優位性を構築する

- 顧客を囲い込む
- 当該市場でのブランド力を高める

　iRobot にとっては、ダイソンさえも参入が果たせていない、全自動掃除ロボットという現在のポジションは、まさに堅守すべき自社事業の核、本拠地となる部分でしょう。この市場でのブランドをいっそう確固たるものにし、全自動市場自体を拡げていくことができれば、今後も安定した成長が見込めるはずです。

　今の市場を堅守する戦い方は、派手さこそありませんが、自社がしっかりと収益を確保できるようになる、堅実なアプローチだといえるでしょう。

● 中途半端は、うまくいきにくい

　ポジショニング戦略では、中途半端な位置取りは、うまくいきにくいことが知られています。上手にやり切る高等戦略もありますが、いくつかの理由から、2軸で描かれたポジションの明確な位置取りこそが定石であることを、皆さんには知っておいていただきたいです。

● 顧客の目から見て位置取りが不明瞭になる

　たとえば、ファストフード店に入ったら、100円のハンバーガーと1500円のハンバーガーが、両方同じメニューに並んでいたとして、あなたはこのファストフード店をど

う認識するでしょうか？

「マクドナルド並みに安く食べられるお店」でしょうか？

それとも「地域最高級のバーガーを出すお店」でしょうか？

混乱してしまいますよね。

　同様にアパレルにおいても男性向けなのか、女性向けなのか、マニア向けなのか、一般市場向けなのかを明確にする必要があります。**両方を同時にやろうとすると、どうしても顧客の視点で見たときに中途半端な商品ラインナップ、中途半端なブランドになってしまうのです。**

● 内部のメンバー目線で、
　戦略目標・オペレーション方針を定めにくくなる

　さらに、100円のバーガーと1500円のバーガーの両方を販売しているお店では、従業員も迷ってしまうはずです。どちらを売ることが、会社としての戦略目的に合致するのか。マーケティング担当も、店頭の現場でも、商品企画でも、各部門が、安い商品を推すべきか、高い商品を推すべきか、そのバランスをどうとるか、四苦八苦してしまうはずです。**「自社はこういうことをやる会社なのだ」が明確であるほうが、戦略を立てるにも、現場で働くにも、動きやすくなるのです。**

　ポジショニングマップや、一般戦略分析を提唱したマイケル・ポーターは、これを「Stuck in the middle」（スタック・イン・ザ・ミドル、「真ん中で立ち往生」という意味）

と呼びました。戦略立案時にも、オペレーション時にも、身動きがとれず困ってしまう（図3-9）。そうした事態に陥らないよう、市場における位置取りははっきりしたほうがよいと、彼は言ったのです。

図 3-9

Stuck in the middleは、成功しにくい

激安店
なのか？

〇〇バーガー

高級店
なのか？

100円   1500円

競争戦略は、詳細な戦略立案の第一歩

　以上が、競争戦略の策定方法です。市場の現状を、３つのＣの観点からしっかり情報収集したり、それをマップ化することで、自社がこれからどういう方針で経営するのかを考える。

　事業というものの基本が、競合と争いながら顧客を得る

ことである以上、**経営戦略の立案にあたってその中核となるのは、この競争戦略を明確にすることからなのです。**

　ただし、競争戦略だけが戦略のすべてではありません。なぜならば、会社が中・長期的に成功するかどうかは、現在の市場でどういう成果を発揮するかと同等かそれ以上に、もっと大きな産業の構造であるとか、自社の組織能力を構築するとか、これから先の業界の趨勢を読んだりすることが大切になってくるからです。

　次章以降では、競争の戦略に続いて、企業をとりまくもう少し大きな構造に目を向けて、経営者として考えなければならないさまざまなことへと思考を深めていきましょう。そうして、一通りの事項の検討をし尽くしたときには、自社がこれから採るべき方針──経営戦略が、詳細にできあがってくるはずです。

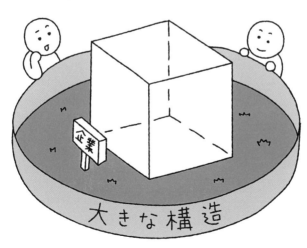

演習問題③

今、自分が携わっている事業、あるいはあなたが今、心に描いている新規事業について、2軸図で競合と自社のポジショニングを表現してみましょう。

回答例

アニメキャラのガワを被った人間がオンライン番組で視聴者と交流するVtuberは今や日本発の強力なコンテンツですが、この事業は、2軸図で表現すれば確かに「空いていた隙間」であり、「約束されていた成功であった」とすらいえるかもしれません。

もともと、（女性）アイドルは、手の届かないテレビの向こうの、キラキラした現実味のない存在でした。今でも、同じ路線を踏襲しているのが韓流です。韓流は特殊形式なのではなく、あくまで従来からのアイドルのプロデュース方法を愚直に実践して作られているコンテンツです。

日本では、時代の流れの中で2つの新しいトレンドが生じていました。1つは、1990年代から起こった、2次元キャラクターへの傾注です。「ヱヴァンゲリオン」の綾波レイやセーラームーンから始まり、2000年代にはラブライブなどの「アニメキャラのアイドル」が登場しました。

もう1つのトレンドは、直接触れ合える存在としての「会いにいけるアイドル」AKB48の登場です。

その後のアイドルは、生身の存在と握手できたり、ハイタッチできたりするのが当たり前となり、身近に感じられる、直接に応援するための存在となりました。

この2つのトレンドから、おのずと浮かび上がってくるのが、アニメキャラクターと交流できるという方向性です。

その意味で、Vtuberは、確かに市場がそこにあることが見えていた事業だったといえるかもしれません。それを見事に捉えたVtuber事務所のANYCOLORは、創業からわずかに4年で上場を果たしています。

図 3-10

女性アイドル市場

存在次元

	3次元	2次元
遠い存在としてアイドルに憧れる	韓流	アニメキャラ
近い存在としてアイドルと交流する	AKB48	Vtuber

顧客体験

3 時間目のまとめ

☑ 「競争戦略（Competitive strategy）」とは、「自社は、どういう業界の中で、どんな競合と争いながら、どんな顧客をターゲットとしてビジネスをしているのか」を理解したうえで、今後、業界内で競合とどのように戦っていくのかを決めること。

☑ 競争戦略を立てるときは、3つのCの「Company（自社）」「Customer（顧客）」「Competitor（競合）」について分析することから始める。

☑ 自社はどういう会社で、どんな強みがあり、どんな課題があるのか。一方、競合の会社の特徴や、強み・弱みはどうか。そして、顧客の動向はどうか。これらの情報を頭の中で組み立てていくことで、競争の状況を頭の中に描き、自分なりの判断を下せるようになる。

☑ ポジショニングマップを描くことで、自社、競合、顧客の3つのCの状況を平面上に表現でき、かつ自社の特徴や、競合との違いを明確に可視化できる。

☑ 「コストか差別化か」「広いターゲットかニッチか」は、どんな産業にも一般的に当てはまり得る市場分類で「一般戦略分析」と呼ばれる。

☑ ポジショニングマップには、「現状を認識する」ための使い方と「空いている隙間を見つける」ための使い方がある。

☑ ポジショニングマップから描ける戦略には2つのパターンがある。3C分析に立ち返り、自社の強み・弱みや競合の強み・弱み、そして顧客の消費トレンドを踏まえて、①ポジショニングを変えるか、②今のポジショニングを堅守するか。

さらに学びを深めたい人のために

〈参考文献〉

『競争の戦略』（マイケル・ポーター、ダイヤモンド社、1995年）

この章で紹介した、差別化かコスト化か、広いターゲットかニッチかの分類を紹介しているのがこちらの書籍です。次の章で紹介する「ポーターの5要因分析」の詳細も説明されています。経営戦略論の最重要文献の1つです。

『佐藤可士和の超整理術』（佐藤可士和、日経ビジネス人文庫、2011年）

現代日本の最有力デザイナーの1人、佐藤可士和さんの思考法が解説された本です。この章で紹介した、2軸で整理をすることを通じて、自社の特徴を明らかにする、自社がやるべきことをはっきりさせるという考え方や、図案化して思考を整理するという考え方も、佐藤氏の思考法に沿ったものです。経営戦略やマーケティングの考え方に大いに資する本です。

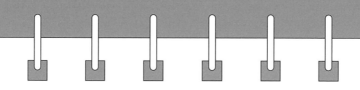

Ｖ字回復を実現する
最重要理論
「5要因分析」
（ポーター）

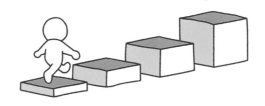

4時間目で学ぶこと、押さえてほしいこと

ポーターの5要因分析（5forces分析）は、利益が悪化しているときに業績を上向かせるための決定版的な手法として知られています。自社から利益を奪うものを特定し、それへの対抗策を立てる。ビジネス力を大きく高める理論なので、ぜひ習得してください。

ポーターの5要因分析
その歴史

　ここでは、自社をとりまく外部状況の分析方法として、その決定版とされる、**マイケル・ポーターの5要因分析**を学びましょう。

　マイケル・ポーター（1947年～）は、1970年代から活躍している、経営戦略論分野の最重要研究者の1人です。彼の登場により、経営戦略論は劇的な変貌を遂げました。

　それまでの経営戦略論は、SWOT分析をはじめとした素朴な分析手法の集まりで、トップ経営者が、大きな策略を立てていくうえでのさまざまなポイントや考え方のカタログのようなものでした。

　マイケル・ポーターは、そこに「経済学」という理論ベースを与えたのです。もともと、経営学は心理学、社会学、行動科学をその基礎にしていました。というのも、従業員のマネジメントや組織づくりが中心的な論点であったためです。

　これに対して、経営戦略論では、扱う対象が「人」や「組織」から「利益」や「事業構造」に変わっているのです。それらを扱うにあたって、最善の理論的枠組みが経済学だったのです。

　マイケル・ポーターはもともと、ハーバード大学で経済学を専攻していました。「どのような制度や仕組みを導入し

たら、完全競争に近い環境が実現できるか？」という研究を行なっていたのです。そんな彼が、ハーバード・ビジネススクールに着任して衝撃を受けます。ビジネススクールで教えられていたのは、「どうやったら完全競争を避けることができるか？」だったからです。

　完全競争とは、自由な参入が可能な環境で、企業同士が激しく競争をした結果として、ベストを尽くした製品価格、ベストを尽くした製品品質や機能が提供され、顧客には最善の商品が最安値で届く、社会的には最も望ましい状態とされます。
　しかし、**完全競争のもとでは、企業はどれだけ努力をしようとも超過利潤をあげることはできません**。ですから、ビジネススクールでは、「いかにして他者の真似できない差別化をはかるか？」「いかにして他者にはできないコスト競争力を実現するか？」「いかに参入を防ぐか？」と、**完全競争に陥らないためのさまざまな策が教えられていた**のです。

　そこでポーターは、経済学を逆手にとります。すなわち、「本来は企業に超過利潤が発生しないよう、完全競争に近づけるために使われていた経済学を逆に用いることで、企業は完全競争を避けることができて、超過利潤をあげられるようになるだろう」と考えたのです（次ページ図4-1）。

　かくして、ポーターによって、経済学に基づいて「企業がなぜ儲かるのか？」の理論が体系立てられていきます。そ

図 4-1

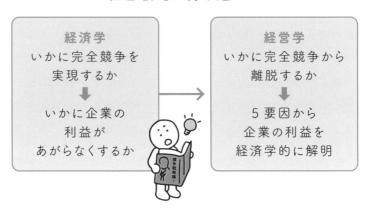

**ポーターは経済学の発想を逆転させて
経営戦略に持ち込んだ**

経済学
いかに完全競争を
実現するか
⬇
いかに企業の
利益が
あがらなくするか

経営学
いかに完全競争から
離脱するか
⬇
5要因から
企業の利益を
経済学的に解明

の1つの完成形こそが、企業の利潤発生要因を5個にまで
絞り込んだ、ポーターの5要因分析なのです。

1980年、ポーターはその理論を大著『**競争の戦略**』にま
とめます。世界で初めて、「利益が生まれる根源的理由」を
理論化したこの本が世界的なベストセラーになったことで、
経営戦略論は経済学を基礎に置いた理論に生まれ変わった
のです。

ポーターの5要因分析が使いにくい理由

ポーターの5要因分析が、いかに大切な理論であるのか、
皆さんもおわかりになったかと思います。それは、経営戦

略論に革命をもたらしたということでもありますが、「**利益の究極の源泉が５つであることを突き止めた**」という意味でも、画期的なのです。

　ポーターの５要因分析を使えば、「儲かっている会社がなぜ儲かっているのか、儲かっていない会社がなぜ儲かっていないのか」を特定できるわけです。だからこそ、本章の冒頭で申し上げたように、「自社をとりまく事業環境条件の分析の決定版的な手法」ということになるのです。「何が自社にとっての課題なのか？」「どこが自社の生命線なのか？」などを一発で特定できるわけです。

　しかし、このポーターの５要因分析は、実際のところ産業界でうまく活用されているとはいえません。この理論的背景を理解して正しく用いれば、誰でもたちどころに自社の課題を突き止められる便利ツールのはずなのに、です。

　その理由は、第一には、この理論が難しいからです。大学で教鞭をとる経営戦略の先生も、教えるのに難儀しているくらいですから、学ぶほうとしても理解するのに必死で、実際に使えるところまで至らないケースが多いのです。

　そして、第２の理由は、世の中での教え方がよくないからです。

　そもそもポーターの『競争の戦略』は大変な名著ではあるのですが、今日の忙しい実務家が「使える」ようには書かれていません。私の見る限り、ポーターの５要因分析を使うつもりで教えている先生はいません。

　でも、ご安心ください。私は、ポーターの5要因分析を日本で最も上手に教えられる人間だと宣言できます。嘘だと思うならYouTube動画をぜひご覧ください。自分のスクール、かつて勤務した大学、あるいは社会人向け研修などで、私はこれまで数千人以上のビジネスパーソンに、5要因分析を「使いこなせる」ところまで教えました。本書をお読みの皆さんにも、今から、驚くほど簡単に、この難解な理論を「使える」ようになっていただけます。

　それでは、次の節からはポーターの5要因分析の使い方の解説に進みます。

　図4-2はポーターの5要因分析ですが、皆さんはこれを暗記する必要は一切ありません。どうも私たちの昔からのクセで、「5個の要因からなる」といわれると、すべてを暗記しようとしてしまいます。

図 4-2
....

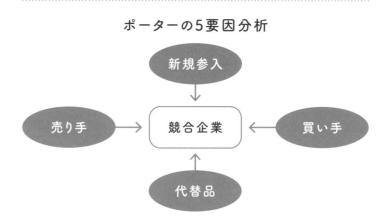

ポーターの5要因分析

しかし、**この図を暗記することに、何の意味もありません**。現時点では、**最終ゴールがこういう図になるということを何となく頭に入れていただければOKです**。これから一通り学べば、自然とこの図の意味が読み解けるはずです。

顧客を取り合う3種の存在を理解する

それではまず、ポーターの5要因のうちでも、最初の3つ、**「顧客を取り合う3種の存在」**に進みましょう。実はポーターの5個の要因は、3つと2つのまとまりに分かれています。まとまりとして、一気に理解してしまうのが、ポーターの5要因分析を理解するカギです。

もし、**自社の利益が減っているとしたら、その最大の原因は、顧客を奪われているから**です。

他社に顧客を奪われていれば、まず売上が下がってきます。そして、あなたが顧客を取り返そうとすれば、今度は値下げをしたり広告を打ったり、製品の性能を高めたりするでしょう。しかし、そうすると、価格が下がる一方で製品の提供にかかるコストがあがることになるので、利益が減ります。このような顧客の奪い合いが激しくなることが、自社利益の減耗の第一要因です。

それでは、自社は誰と顧客を奪い合っているのでしょうか？

ここで、直接競合している企業以外にまで、視野を広げる必要があります。**実は多くの場合、顧客は競合に奪われているのではなく、代替品に奪われているのです。**

　たとえば、ファミリーレストランの売上が減るのは、ファミレス業界内での競争が激しいからではありません。回転ずしなどのほかの業態の飲食店チェーンや、あるいはスーパーやコンビニの弁当・惣菜などに顧客が奪われているからです。

　また、テレビ局の視聴率が下がるのも、ほかのテレビ局と視聴者を奪い合っているからではなく、YouTube などのほかのメディアに視聴者が奪われているからです。

　こうした、**自社と同じニーズを満たしている、他業種の製品・サービスのことを、代替品**といいます。

　最後に、**自社の利益は、これから参入してくるであろう企業、すなわち「新規参入」に奪われる可能性もあります。**

　地元のローカルスーパーが気にかけているのは、地元の他店の動向ではありません。大手のスーパーマーケットやコンビニエンスストアが近隣に新規出店することです。セブン‐イレブンなどが近隣に出店しようものなら、一気に顧客が奪われ、閉店しなければならなくなってしまう可能性もあるからです。

　かくして、「顧客を奪われるリスクはどこにあるか？」を考えるにあたって、直接競合だけでなく、代替品と新規参入にも警戒する必要があります（次ページ図4-3）。

図 4-3

顧客を取り合う3種の要因

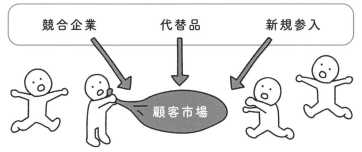

この3つのうち、いずれが最も市場を
奪っているかに注目する

では実際に、分析をしてみましょう。

今回は、皆さんもご存じの任天堂のゲーム機「Nintendo
Switch（以下 Switch）」をとりあげます。さあ、さっそく
問題です。

> 任天堂にとって、顧客を奪われるリスクが高いのは、
> ①競合、②代替品、③新規参入のどれでしょうか?

皆さん、何ら苦労することなく、②代替品を選べたはず
です。はい、スマートフォンアプリですよね。

これでポーターの５要因分析のうち、最初の３要因の分
析は OK なのです。

ポーターの５要因分析は、「自社の利益に最もダメージを

与えている要因を明らかにする」ための手法です。顧客を奪い合っている３つの要因についていえば、任天堂にとっての脅威は何より、スマートフォンアプリです。これが特定できたわけですから、最初の３要因については分析完了なのです。

　元来、ポーターの５要因分析は、経済理論に基づいた複雑な理論を駆使して業界構造を徹底的に分析するツールです。もちろん、それも大切ですが、経営者目線、あるいは理論の使用者目線で言えば、この手法は利益の増減に決定的に影響している要因を特定することが目的なのですから、**「競合との戦いはさほど重要ではなく、新規参入は懸念であるが（後述）、何より代替品であるスマートフォンアプリの脅威を何とかしなければならない」**──これが確認できれば、手法としての目的は達成されています。

　そして実際のところ、「対策を打つべきはスマートフォンアプリ」です。
　これを特定できたことは、決して小さくない意味を持ちます。**競合であるソニーのプレイステーションや、マイクロソフトのXboxとの顧客の奪い合いのほうに力を割いていても、経営状況は改善しないのです。**それは、自社から利益を奪う主要因ではないからです。「スマートフォンアプリに対して、どういう反撃策をとるか？　そこに経営リソースを集中すべきだ」ということがここで示唆されるのです。

この意味で、ポーターの５要因分析は、それを使って深く分析するというよりも、**「今、手を打つべき問題はどこか？」を明確にするためにこそシンプルに用いられるべきなのです。**

　ただし、経営上の焦点をはっきりと特定しておいたうえで、もう少しだけ吟味をしておくべきです。経営リスクとして見落としはないか？　改めて、３つの要因について「よくよく警戒しておくべきこと」を見直しておきましょう。
　たとえば、任天堂の場合であれば、もし「GAFA がゲーム機に参入してきたら……」と考えると、かなりの脅威となるでしょう。
　アップルが全力でゲーム産業に入ってきたら？　グーグルがゲーム領域にも進出してきたら？
　そう考えてみても、任天堂は今、業界に参入しているソニーやマイクロソフトと争っていても仕方ありません。むしろ、スマートフォンやこれからやってくるライバルを迎え撃つため、ゲーム業界として手を取り合って市場を活性化させ、切磋琢磨しながら競争力を高めていくことが求められるでしょう。

分析の次は戦略を立てる

　ここまでが、「顧客を取り合う３要因」の分析でしたが、

経営戦略は分析をして終わりではありません。戦略を立ててこそ意味があります。

　自社の利益を奪っているのは、第一にはスマートフォンアプリ。そして今後を見据えれば、世界的なIT・エレクトロニクス業界の巨人による新規参入が脅威だとするなら、どうやってそれに対応すべきでしょうか？

　ここから先は策略を考えるステップとなりますから、正解があるわけではありません。自分なりに、自由に、考えてみてください。

> 任天堂が、スマートフォンアプリから顧客を取り戻すためには、どうすればよいか作戦を立ててください。
> また、今後想定されるGAFAなどによるゲーム業界への参入に対して、今からできる対応策を考えてください。

　まず、スマートフォンアプリへの対応ですが、第一にはスマートフォンゲームにできていて、既存のゲーム機ではできなかったような不便・不都合を解消することでしょう。通信対戦、ユーザー同士の交流、素早い起動、すぐにゲーム本編に入れる快適体験など。実は、これらの点を見直して生まれたのがSwitchです。スマートフォンアプリに負けていた部分を、素直に改良したのです。

　次に、スマートフォンアプリでは体験できないような顧客体験を、ゲーム機を通じて提供することが求められます。

任天堂には、豊富な自社コンテンツ（業界ではIP：Intellectual Property、「知的財産」という表現を使います）があります。

　マリオ、ポケモン、どうぶつの森、ゼルダなどです。「マリオを楽しみたいならば、ポケモンを楽しみたいならば任天堂のハードで」という強い誘因を作り、スマートフォンアプリから顧客を取り戻しました。もちろん、大半のスマートフォンアプリでは実現できないような、ゲームとしての作り込みや、ストーリー性、音楽なども磨いたうえで、です。

　また、**任天堂のビジネスのユニークな特徴に、「顧客は子どもたちであったとして、買うのは大人である（支払意思決定者とユーザーがズレる）」という点があります。**大人が子どもに「やってもいい」といえるゲームでなければならないのです。

　任天堂はこの点もしっかり作り込みました。有害な内容、過激すぎる内容のゲームソフトを厳しく制限し、**「任天堂のゲーム機なら安心」**という構造を作り出すことで、玉石混交のスマートフォンアプリとの差別化をはかったのです。

　続いては、今後想定される新規参入への対策を立てていきましょう。グーグルやアップルがゲーム機に参入したら、上手に戦われて、市場を奪われてしまう可能性は小さくありません。

　だとすれば、これらの企業が参入する前に、先んじて提携を行ない、グーグルなどにもうま味があるような契約に

しつつ、任天堂のビジネスを後ろから応援してもらうような関係になれれば有望でしょう。

　事実、任天堂はかつて新作 iPhone が出るタイミングで、そのキラーコンテンツとしてマリオのアプリを提供したことがありました。これらの企業との友好な関係を作っておくことで、参入のリスクを減らすことができるはずです。

　また、**新規参入の野心を抱く企業が「参入しても勝てない」と思うような状況を作り出しておくことも大切**です。先述の通り、任天堂は非常に強力なIPを持っています。「ゲーム事業を行なううえで、自社IPを持っていない企業は非常に厳しい」という構造を強化したならば、たとえ世界最強の企業の一角であるグーグルやアップルが参入したとしても、任天堂の牙城は切り崩せないという予測が立ち、「参入の旨みはない」とあきらめるでしょう。

　こうした**潜在的な新規参入者に対して、「参入してもうまくはいかないだろう」という予感を抱かせる行動を、相手にシグナル（信号）を出す**という意味で「シグナリング」といいます。

　皆さんも、さまざまなアイデアを出せたのではないでしょうか。こうしてポーターの5要因分析で課題を明確にし、それに対する施策を立てていけば、効果の期待できる事業案が出せることを実感していただけたらうれしく思います（次ページ図4-4）。

図 4-4

課題をつかんだら、対応策を考える

| 新規参入 | ・参入しづらくする
・参入されづらい市場への移動
・新規参入希望者を取り込む |

| 競合企業 | ・競合数を減らす。M＆Aなど
・棲み分けし、敵対度を下げる
・差別化する |

| 代替品 | ・代替品で実現できない価値をつける
・代替されない市場への移動
・代替品市場への参入 |

111

価値を取り合う2つの存在——売り手・買い手

　ポーターの5要因分析、残るは**売り手・買い手**の2要因です。そして、この**2要因**を「**利益を奪う要因**」として分析対象としたことが、ポーターの5要因分析の革新的なところです。

　「売り手」「買い手」という表現を使うとピンと来ないと思いますが、**自社にとっての売り手とは、自社に原材料や部品、設備などを提供している取引先のこと**です。また、**買い手とは、自社の製品を買ってくれる顧客のこと**です。

取引先は自社事業を行なっていくうえでのパートナーであり、顧客はもちろん自社を存続させるための対価を払ってくれる存在です。ですから、従来の経営分析では、この2要因はどちらも自社にとっての味方として考えます。どのように有望な取引先と手を組み、どのように顧客に訴求するかと発想します。

　しかし、ポーターの5要因分析では、**この2要因を「自社が本当は得られるはずだった価値を奪っている存在」としても、見つめ直すべきだと考えるのです**（図4-5）。

　普段は、取引先は自社の味方、顧客は訴求すべきターゲットだと捉えるので、従来の考え方は間違ってはいない。でも、改めて「なぜ自社が儲かっているのか？　なぜ自社が

図4-5

価値の取り合い

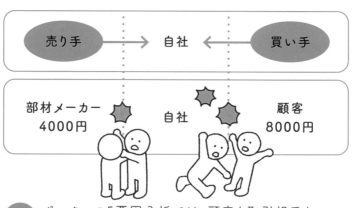

重要　ポーターの5要因分析では、顧客も取引相手も、「価値の取り分をめぐって争う交渉相手」である

儲からないのか？」という収益水準の構造的要因を振り返るときには、「顧客に対して安く売りすぎてはいないか？」「取引先から高値で買ってしまってはいないか？」と、見直してみる必要があるのです。

　たとえば、自社がセーターを8000円で売ったとしましょう。もし、顧客が自社商品に高い価値を感じていて、本当は1万5000円でも出してもよいと思っていたとすれば、自社は差分の7000円を取りはぐれていることになります。
　また、グローバルで調達を見直せば、本当は材料を2000円で調達できていたとしても、なじみの業者から4000円で買っていたとするならば、自社は得られるべき利益を2000円、失っていることになります。

　この状況を俯瞰すると、「1万5000円の価値があるセーターをめぐって、顧客と自社と取引先とで、価値を取り合っている」と見ることができます。
　普段はそんな「取り合い」などという見方をしなくてもよいのです。顧客は訴求すべき対象、取引先は自社事業を行なうためのパートナー、そういう捉え方でいるべきです。
　しかし、もし**自社が慢性的な低収益に悩んでいたり、あるいは急激な業績悪化に襲われたり、「業界の構造がいびつだ」と思ったときには、改めてこの「俯瞰の見方」をして、自社と、顧客と、取引先とが、適正なバランスで価値を分け合えているかどうかを見直してみるべきなのです。**

ここで大切なことは**バランス**です。この価値の配分のうち、自社がたくさん取りすぎたら顧客は高値がイヤになるでしょうし、取引業者も値引きするのがイヤになってしまうでしょう。適正なバランスで、顧客と、取引先との関係を再構築することが、ここで求められていることです。

　まずは、任天堂と顧客との関係を考えてみましょう。任天堂のゲーム機が、現状、顧客に提供している価格が高いか安いかの判断自体は難しいですが、任天堂ユーザーが感じている顧客満足度を考えれば、もう少し高くてもよいようにも思います。

　それ1台で何カ月・何年でも遊べてしまうのだとすれば、ユーザーにとっては十分に回収ができている、とても安い買い物です。ユーザーの不興を買わない程度に、もう少し強気の交渉をしてもよさそうです。

「もっと値段をあげたい」なら?

　では、もし、任天堂のハードをもう少し高い値段で売ろうと思うなら、どういう手段があるでしょうか?

　任天堂のハードを顧客にもう少し高い値段で売ろうと思うなら、どういう手段があるでしょうか?

この問題をどうやって考えるか？

まず、消費者にとって、それなりに高価であっても高い顧客満足を実現しながら、販売できている商品・会社の例を考えてみましょう。

たとえば、iPhone。最新機種は日本では20万円を超える値段がつくようになっていますが、顧客は新作が出れば行列をなして購入し、その新しい顧客体験を喜びとともに語ります。

あるいは、メルセデス。日本の大衆車の倍近い値段であったとしても、顧客はそれを手に入れた喜び、乗る喜び、最上級のサービスを提供するディーラーでの体験にまで深い喜びを感じています。

値段をあげても、顧客が喜んで買ってくれるための秘訣は、この【価値を納得させる】ことにあります。ポーターはこれを「交渉力が高い」と表現しています。「**この会社から買うしかない！」と思わせられることこそが、高度な交渉力であり、取引を有利に導くポイントなのです**（次ページ図4-6）。

では、どうやったら任天堂は「この会社から買うしかない！（Switchを買うしかない！）」と思わせることができるでしょうか？

・Switchでしかプレーできないゲームをそろえる。すなわち、マリオ、ポケモン、どうぶつの森、ゼルダなどの自社IPを育てる
・ゲーム機で遊ぶ文化を一般社会にいっそう定着させる

外出して遊ぶよりも、家でゲームをする体験を好んでもらえるようにする
・任天堂のゲーム機なら子どもにも安心と、親にわかってもらう。決して、粗悪なゲームや、青少年育成に不健全なゲームを扱わない

　ざっとこんなところでしょうか。
　これらはまさに今、任天堂が取り組んでいることです。任天堂が今、行なっている経営のアプローチが、戦略的にも至極まっとうなものであることが、皆さんにもご理解いただけるでしょう。

図 4-6

課題をつかんだら、対応策を考える
顧客編

取引相手を替える	・活動する市場を替える ・市場でのターゲットを替える ・不採算取引から手を引く
製品を差別化する	・同じターゲットに対して、売り方を変える
顧客を囲い込む	・顧客にとっての大切な存在になる ・自社商品に熱狂させる ・別商品にシフトできないようにする

コストダウンにも5要因分析は使える

　一方、任天堂の部材の供給業者との取引はどうでしょうか？
　高性能の液晶ディスプレイや高性能の半導体を手に入れるためのコストは年々あがり続けています。そんな中で、無理を言って価格を下げさせるような部材業者いじめをするのではなく、あくまで適正価格、適正取引で部材コストを減らすためには、どのような手段があるでしょうか？

　適正な取引を行ないながら、任天堂が部品や材料の調達コストを改善するためには、どのような方法があるでしょうか？

　ポーターの5要因分析は、このコストダウン問題にも新しい光を当てています。
　コストダウンは、従来ならば、生産管理やサプライチェーンなどの領域で扱われてきており、そこでは多種多様なメソッドがすでに提案されていました。それらも大変有効なのですが、ポーターの5要因分析では、もう少し俯瞰的に、取引が行なわれている状況を見つめ直します。

　経済学的に俯瞰して見れば、任天堂と部材業者との取引は、任天堂とその顧客との取引と、まったく同じ構造にあります。顧客が任天堂をご指名で買うのは「任天堂から買

うしかない！」と思うときです。そうした状況であれば、任天堂は価格決定能力、価格上昇能力を手にすることができます。

　任天堂が、高い値段で部品を買わざるを得ない状況は、まさしく同じです。「〇〇からディスプレイを買うしかない！」という状況のとき、任天堂の調達コストはあがります。逆に、どこからでも同じ部材を調達できる状況であれば、任天堂の調達コストは下がります。買い叩くのでもなく、厳しい交渉を強いるのでもなく、市場メカニズムを用いた、自然ななりゆきで、任天堂は適正価格での調達でコストを下げることができるのです。

・限られた業者しか作れないような部材の採用をやめて、一般的に入手可能な部材でハードを作る

　実は、Switch はまさにこの発想で作られたハードでした。
　その前世代機にあたる Nintendo 3DS は、高精細・高感度なタッチパネルと 3D 表示が可能なスクリーンを装備し、しかも 2D 表示にも切り替えられるというたいへん高度なディスプレイを使っていたために、ディスプレイを特定の企業からしか調達できませんでした。また、そのほかの部材も当時の最先端技術が用いられていたため、調達先が限定され、なかなかハードの製造コストを下げることができない状況が続いていたのです。

任天堂はこれをSwitchで見直しています。もちろん先端的技術ではありますが、いくつかの会社が生産できるような、競争原理が働く部材を採用したのです。すべての部材を見直したことで、Switchでは劇的にコスト構造が改善し、利益の出やすい構造を作ることに成功しています。

　そう考えれば、やはり、この部材業者の側面でも、任天堂はポーターの5要因分析に沿った、経済学的に妥当な業績改善策を実施したとみることができますね（図4-7）。

図4-7

課題をつかんだら、対応策を考える
取引先編（部材・設備など）

調達先を 見直す	・取引先を見直す ※不採算時に極めて効果的

製品設計を 変える	・高い部材や不利な取引先と 　取引しないでよい製品にする

取引先を 囲い込む	・取引先にとっての大切になる ・資本参加して系列にする

難しく考えず、とにかく使ってみよう

　ここまでが、ポーターの５要因分析の使い方です。いかがでしたでしょうか？

　ここで展開した議論に沿って使っていけば、さして苦労なく実践できると、思っていただけたのではないでしょうか？

　「こんな簡単にやっちゃっていいのかな？」と不安に思われた方もいるかもしれません。「そんなやり方は邪道だ！」とか、「もっとガッチリやるべきものなのだ」とか、批判をされるのではないかと。

　ポーターの原著や、それを紹介する分厚いテキストを読んだ人ほど、「この手法はもっと深遠なもので、もっとこう複雑に難しく考えるものなのだ」と誤解して、批判するかもしれません。

　しかし、私が胸を張って、皆さんに堂々とお伝えできるのは、コンサルやアナリストが行なうポーターの５要因分析も、せいぜいこのくらいのものだということです。むしろコンサルやアナリストは、「分析の５つの目のつけどころ」としてくらいしか５要因分析を捉えていません。そして、それこそが正しい使い方なのです。

　すべての分析ツールは、使うためにデザインされているのです。使ってもらってこそのツール。あえて自分にとっ

て使いにくく考えてみたり、使うこと自体が「そんな使い方はおかしい」などと批判されるのを気にしていては、経営学の分析手法はまったく意味を持ちません。

あなたが使いやすいように使い、それを通じてものごとがよりよく見えてくるようになれば、それが正しい使い方です。

そんな意味で、本章ではとにかく「誰にとっても理解できて、すぐにも使ってみたくなる」ように、ポーターの5要因分析を解説してみました。

もちろん、ポーターが本来意図したこと、理論が伝える大切なことはきちんと押さえています。もし皆さんに、「さっそく使ってみよう」と思っていただけたなら、本章の狙いと思いは達成です。ぜひ、皆さんなりにこの手法を自由自在に使いこなしてみてください！

回答例

　焼き鳥を主力とした飲食店を展開する鳥貴族は、栄枯盛衰の激しい外食業界にあって、相対的に安定した利益を出す実力のある会社として知られています。その強さの秘訣は、ポーターの5要因分析から明らかになります（図4-8）。

図4-8

鳥貴族の5要因分析

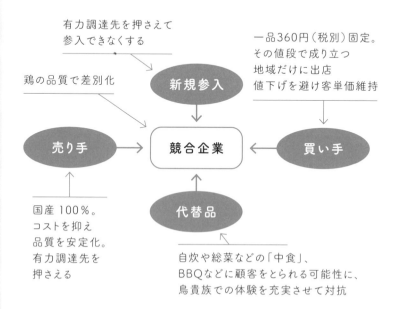

鳥貴族の最大の特徴は、食材が国産100％であることです。

　国産と聞くと、コスト高に感じるかもしれませんが、物流の費用や為替の変動を考えると、国内の供給業者との間で上手なサプライチェーンを構築できれば、そのほうがコストダウンになると踏んだのです。事実、この施策は鳥貴族の調達を安定させ、コストが急騰したりすることを防ぐ結果をもたらしました。

　また、国内の有力供給業者を押さえることは、結果として競合との差別化をはかり、新規参入を防ぐ効果もあります。主力商品である鶏の優良調達先を囲い込むことで、競合は品質やコスト面で劣る原料を使わなければならなくなっているのです。同じ業界に新規参入するにも、よい業者がすでに取られているため、鳥貴族に品質では勝てない状況も生じます。

　さらに、鳥貴族は出店先も吟味します。鳥貴族は、一品360円（2023年現在）という値段に固定しています。各品が安くてもそれをいくつも頼めば、最終的にはそれなりの値段になります。これが上手に機能して、その値段では客足が伸びない場所への出店が防がれ、結果としてそれなりの支払い能力のある顧客が集まる場所を選択的に出店していく形になっているのです。

　競合に勝つために値下げが常態化する飲食店にあって、あえて値段を固定することで、顧客や競合とのゲームを優位に進めることに成功しているのです。

　唯一のリスクは代替品でしょう。

　焼き鳥屋や居酒屋の需要自体が、自炊やスーパーの総菜、ＢＢＱなどの代替品に奪われることがあれば、同社の経営は危ぶまれます。ですから、同社は鳥貴族での飲食の体験をなるべく充実したものにして、鳥貴族だからこそ味わえる時間を演出し、顧客になるべく利用してもらえるように工夫をしているのです。

4 時間目のまとめ

☑ マイケル・ポーターは、「本来は企業に超過利潤が発生
しないよう、完全競争に近づけるために使われていた経
済学を逆に用いることで、企業は完全競争を避けること
ができて、超過利潤をあげられるようになるだろう」と
考え、競争理論を確立した。

☑ ポーターの5要因分析によると、企業にとっての利益の
究極の源泉は「競合企業」「新規参入」「代替品」「売り手（取
引先）」「買い手（顧客）」の5つである。

☑ 「顧客を奪われるリスクはどこにあるか？」を考えるに
あたっては、直接競合だけでなく、代替品と新規参入に
も警戒する必要がある。

☑ 5要因分析では、「売り手（取引先）」「買い手（顧客）」
の2要因を「自社が本当は得られるはずだった価値を
奪っている存在」としても、見つめ直すべきだと考える。
つまり、収益水準の構造的要因を振り返るときには、「顧
客に対して安く売りすぎてはいないか？」「取引先から
高値で買ってしまってはいないか？」と、見直してみる
必要がある。

さらに学びを深めたい人のために

〈参考文献〉

『［新版］競争戦略論Ⅰ・Ⅱ』
（マイケル・ポーター、ダイヤモンド社、2018年）

ポーターが5要因分析を提唱し、その細部まで余すところなく描き切った記念碑的業績（1998年にアメリカで刊行）。5要因分析のみならず、一般戦略分析、戦略グループなどの分析手法も提案されています。20世紀当時の学術書の雰囲気を色濃く残しており、原文も翻訳もともに難解ですが、本書を読むことは知的なトレーニングとして大変、有益でしょう。

『経営戦略入門』
（網倉久永・新宅純二郎、2011年、日経BPマーケティング）

日本語で、充実した分厚さで書かれた経営戦略のテキストです。日本の事例を用いて、なるべく誠実にポーターの理論を丁寧になぞりながら解説した本として最も信頼のおけるものです。『競争戦略論』からさらにポーターの5要因分析や、各種理論への理解を深めたい方は、この本を読むとよいでしょう。

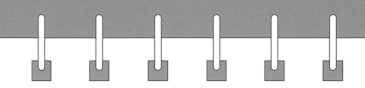

会社の内側を分析する
「VRIO分析」
「7S分析」

前章で解説したポーター型の経営戦略は、企業の外側にある利益圧迫要因を取りのぞく「外部環境分析」です。それに対置されるように誕生したのが、この章で解説する「企業の内部資源をこそ磨いていくべき」とする経営戦略論「リソース・ベースド・ビュー（Resource based view）」です。

ウサギとカメ、
GMとトヨタ

　今から数十年前に起きたことをお話しします（現在の
GMとトヨタの経営や業績を批評する意図はありません）。
　1990年代、トヨタは不振に陥っていました。日本国内の
バブル経済がはじけて景気が低迷していたうえに、円高で
コスト競争力が低下したため、売上は伸びず、費用が高騰
してしまったのです。
　トヨタが低収益に苦しんでいる一方、米国のGM（ゼネ
ラル・モータース）は、1990年代、莫大な利益をあげてい
ました。日本勢がコンパクトカーや大衆向けセダンでしの
ぎを削っている一方で、競争のゆるやかなピックアップ・
トラックやリムジン、RV（Recreational Vehicle：レクリ
エーショナル・ビークル）といった車種を得意領域として
しっかり確保したためです。
　小型車は価格も安く利幅が小さい一方で、ピックアップ・
トラックやリムジンが売れれば、1台で小型車の数十台分
の利益を稼ぎ出します。GMは高収益のゾーンをしっかり
狙っていく、戦略的な事業展開を行ない、その結果を享受
していたのです。

　しかし、状況はその後10年ほどで一変します。
　トヨタは、競争の激しい小型大衆車で、同郷のホンダや
日産と競いながら、毎年、技術を改良しつつ1000億円以

上にのぼるコスト削減を達成しました。これを10年積み重ねれば、コストダウンの効果は1兆円に達することになります。実際、2000年以後のトヨタはコンスタントに1兆円以上の利益を稼ぎ出すようになっています（図5-1）。

図 5-1
....

トヨタとGMの業績データ

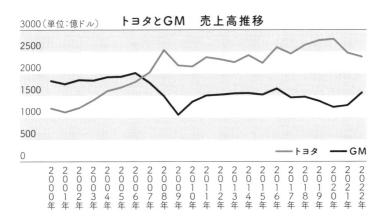

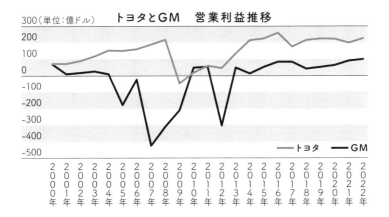

　他方、GM は、2000 年代に非常に厳しい状況に陥りました。

　トヨタなどの会社がピックアップ・トラックや RV の市場に参入してくると、品質の差、価格の差、技術の差が露呈し、市場を明け渡さざるを得なくなったのです。もちろん、GM の製造現場やエンジニアが手を抜いていたわけではありません。しかし、日々、厳しい競争を経てきたトヨタやホンダとは、その努力の強度に差が出てしまうのは仕方のないことでした。

　現場でのボルト・ナットの 1 つ 1 つから 1 セントずつのコストダウンを行なうよりも、優れたトップの戦略から生まれる数千万ドルの利益のインパクトのほうが大きいなら、どうしても後者に頼る経営になります。10 年来、「上手な戦略」により競争を避けて利益を確保していた GM には、トヨタとの直接競争に勝ち切れる現場力が足りなくなってしまっていたのです。

　以上が「ウサギとカメ」ならぬ「GM とトヨタ」のストーリーでしたが、念のため、現在では、トヨタとの直接競争を避けられなくなった GM も経営の立て直しにまい進し、優れた自動車を作って業界を盛り上げていることをつけ加えておきます。

ポーター型の外部環境分析の功罪

　GMとトヨタの話から、私たちはいろいろと学ぶべきことがありますが、実はこの問題、ポーターの登場以後、その理論を巡って行なわれた論争と密接に関連していることなのです。

　ポーターの理論は完璧です。

　会社の利益を経済学的に定義したとき、5つの要因で利益が決まってくるとした論理展開に、何らの抜け漏れはありません。理論自体は正しい。それゆえ、5要因分析を中心としたポーター流の経済学の分析モデルは1980年代に急速に米国のビジネススクールを席巻し、そこで学んだ人々が米国の企業で活躍するに至り、米国企業の業績は確かに改善したのです。

　しかし、**一般戦略分析や5要因分析などのポーター流＝経済学流の戦略理論とは、極論すれば「製品自体の性能や品質が優れていなくても、商売が成り立つ構造を作る」**ことなのです。

　ここで皆さんに質問です。

　おいしいラーメンと、普通のラーメン、
　皆さんならどちらを食べますか?

　突然、何を問われたのかと思うかもしれません。いった

い、なぜ、こんなことが問われたのか、皆さんにはその意味を考えてもらいたいのです。

　ほとんどの皆さんは「おいしいラーメンを食べる」と答えたでしょう。だとすれば、経営戦略の究極目的は「おいしいラーメンを作れること」にあるはずです。それこそが、顧客を喜ばせ、競合に秀でる最善のやり方です。

　しかし、「味は普通でも、儲かるラーメン屋を作る」というのが、ポーターの5要因分析の教えなのです。
　ポーターの5要因分析には、「どうやってラーメンをおいしくするか」という観点は一切ありません。まず、市場を確保しようと思えば、代替品がなく、新規参入も難しく、競合も少ない場所にラーメン屋を作ればよいということになります。たとえば、駅の構内、プラットホームにある1軒だけのラーメン屋などでしょうか。

　次に、価値の取り分を多くしようと思えば、高級な具材は使わず、標準的な具材だけにするとか、顧客に価値を納得させるために、ギョウザなど自家製で何かしら1品ほどオリジナリティの高い商品を売る（特色あるギョウザでしっかり利益を稼ぐ）。

　これがポーターの5要因分析を素直に適用した場合に、そこから導かれる「ラーメン屋が稼ぐ道」なのです。そこには、ラーメンの味を継続的に磨いたり、接客を改善したり、コスト競争力を高めたりといった経営努力は含まれないのです。

　1990年代のGMの状況はこの「競合がいない駅ナカの

ラーメン屋」の状況に近いといえるでしょう。そして2000年代からのトヨタの侵攻は、「駅が拡幅されて、隣に有名チェーンが進出してきた」状況だといえるでしょう。これまで守られていた構造の中に、急に強力なライバルが登場してしまった。味も、コストも、接客も、システムも、はるかに洗練された会社といきなり競争させられる状況になってしまったのです。

　確かに、理論的には、利益の源泉はポーターの5要因が指摘する通りです。しかし、すべての企業がGMのような状況になり得ることを考えれば、**長期的・安定的に利益を確保し、企業を存続させるには実力を磨くほかはないのです**（図5-2）。

図 5-2

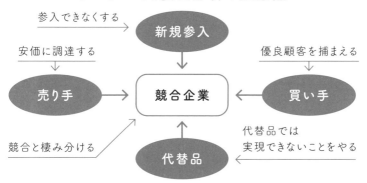

ポーターの5要因分析の注意点

参入できなくする → 新規参入

安価に調達する ↓

売り手 → 競合企業 ← 買い手

優良顧客を捕まえる ↓

競合と棲み分ける

代替品

代替品では実現できないことをやる

ポーターの5要因分析は「実力にかかわらず、稼げるための状況」を作り出す手法
実力を磨く手法を、別途併用する必要がある

133

リソース・ベースド・ビューという視点

　かくして、企業の外側にある利益圧迫要因を取りのぞく
ポーター型の経営戦略は「外部環境分析」と位置づけられ、
これに対置されるように、「企業の内部資源をこそ磨いてい
くべき」とする経営戦略論の学派「リソース・ベースド・
ビュー（Resource Based View）」が誕生するのです。

　リソース・ベースド・ビュー、すなわち、**「経営戦略を考
えるにあたっては、企業が有する資源に基づいて考えよ。策
略は確かに効果をあげ得るが、策略に溺れては、実力が育
たない。実力があってこそ、真に長期安定した企業経営が
実現される」**──そんな戒めをこめて、リソース・ベース
ド・ビュー「資源を基点に経営を見よ」と呼ばれるのです。

　リソース・ベースド・ビュー学派の伸長、内部資源分析
の発展は、まさにトヨタをはじめとした優良な日本企業の
分析の中から生まれてきたものです。国内での激しい能力
構築競争を繰り広げてきた日本企業にとって、諸外国のラ
イバルが提供する製品・サービスのコストや品質など、まっ
たく相手にならないものでした。

　よくも悪くも、日本企業は策略が弱かったわけですが、そ
れが逆に功を奏して、20世紀においては日本企業の現場の
競争力構築に大きく貢献していたのです。

　ただし、リソース・ベースド・ビューの教えは、「ポー

ター流の外的要因を取りのぞく策略は邪道な経営である」ということではありません。現場の努力を、正しい戦略できちんと収益化するのはトップの務めです。

事実、ものづくりや営業現場の実力だけでゴリゴリ戦う日本企業の戦い方は、上手に分析され、現代ではそうした努力ではとうていたどり着けないような、ビジネスモデルの転換やイノベーティブな新ビジネスに手痛い敗北を喫するようになっています。

長期的な収益力の源泉となる内部資源の育成と、短期的にも収益を担保するための上手な策略。その両輪が回ることがよい経営の形です（図5-3）。

図 5-3

内部を磨いて収益力を高め、
外部の障害を取りのぞいて収益を獲得する

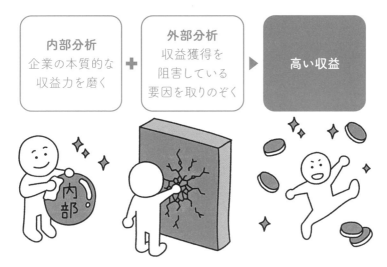

| 内部分析 企業の本質的な収益力を磨く | ＋ | 外部分析 収益獲得を阻害している要因を取りのぞく | ▶ | 高い収益 |

社内の強み・弱みを分析する VRIO

　ここからは、実際にどのように社内の資源状況を分析していくかを説明しましょう。長期にわたり企業に収益をもたらしてくれる資源であるかどうかを説明する理論としては、バーニーの「**VRIO（ブリオ）**」が決定版として知られています。

　VRIO とは、「**Value：価値がある**」「**Rareness：希少である**」「**Imitability：簡単には真似できない**」「**Organized：組織の中にうまく組み込まれている**」**の４つの言葉の頭文字をつなげたものです**（次ページ図5-4）。

　ここで大切なことは、VRIO の基準は、５年先、10年先を想定して判定するということです。内部資源は、長期にわたりその企業の経営を支えるためにこそ蓄えられるべきものです。ですから、「今は価値がある」「今は簡単には真似できない」では不十分なのです。５年にするか10年にするかはその会社で求められている時間軸次第ですが、「５年先にも価値がある」「５年先でも、追いつかれていない」という状態こそが、ここで目指すべき状態です。

　そのような目線で、順に検討していきましょう。ぜひ、皆さんの会社の、虎の子の強み（ものづくりの能力であるとか、営業力だとか、固有技術など）を頭に思い浮かべながら、読み進めてください。

第1の問いは **Value**、すなわち**価値があること**です。

　社内にあるさまざまな資源に、本当に価値があるかどうかを問います。今の時点でも、「もう、不要なのでは」という社内の資源も少なからず見つかるはずですが、ここでこそ「5年先」の視座が活きてきます。

　5年後も依然として、その技術、その営業能力、その製造能力は、会社に価値をもたらしてくれるかどうか──そ

図 5-4
....

長期にわたって競争優位をもたらす
資源：VRIO

Value
（価値）がある

Rareness
（希少性）がある

Imitability
（模倣可能性）が低い

Organized
（組織化）されている

この4つの基準を満たしていること

のような視点から見たときに、「さすがに 5 年後には、社会情勢や競争動向も変わっているから、もはや価値がなくなっているかもしれない」と皆さんもお気づきになることもあるのではないかと思います。

　第 2 の問いと、第 3 の問いはセットで説明しましょう。
　第 2 の Rareness（レアネス）とは、レアである、すなわち**希少**ということです。これを時間軸で拡張した考え方が **Imitability（イミタビリティ）**、すなわち**他社が真似できてしまうかどうか**です。ただし、ここでの「真似できない」とは、まったく同じことを競合他社ができるかどうかという意味ではなく、別の技術、別の手段によってでも、同じようなことができてしまっていれば、それは「真似できてしまった」と評価されます。

　たとえば、自社が職人の優れた削り・絞り技術で金属部品を加工しているとして、もし仮に競合が 3D プリンターの樹脂部品で同等のスペックを実現できてしまうとすれば、それも、ここでいう「Imitability：模倣できた」に該当するのです。この意味で、私は普段このR・Iを説明するにあたって、「5 年後に追いつかれるか」という表現を使って説明しています。**5 年後でも他社の追随を許さない状態であることが、ここでは求められるのです。**

　最後の基準は **Organized** です。
　価値があり、圧倒的な違いを作って追いつかれない資源——たとえば野球チームにとっては、大谷翔平選手のよう

な人こそが V・R・I の基準を満たす人でしょう（サッカーチームならば三苫薫選手でしょうか）。

しかし、そんな大谷選手を抱えているメジャーリーグの球団は、優勝できていないどころか、リーグ戦でも下位に沈んでいたりします。

これが、「Organized；組織化されているかどうか」ということです。**いかに優れた資源も、それを支える組織があり、その中に適切に組み込まれていなければ機能しないのです。**

もし皆さんの会社に虎の子的な固有技術があったとしても、それが活きる事業領域で使われていなければ、収益力は高まりません。あるいは、秀でた営業能力があったとして、販売している商材の競争力が低ければ、やはりその能力は最大限には活かされないのです。

かくして、最後の問いは Organized。「その資源がきちんと活きるように、社内の組織が作られているか」が問われるのです。

VRIO でどのように分析をするか？

VRIO は、企業に収益をもたらす資源が備えているべき特徴として、理論的には完成されているものです。ですが、そのままではちょっと使いにくいのも確かです。皆さんも、VRIO の概念はわかったけれど、ではどうやって分析をす

ればよいか、手をこまねいてしまうのではないでしょうか。

　実はこの点は、リソース・ベースド・ビューの抱える1つの問題とされてきた点です。ポーター流の5要因分析や一般戦略分析の理論がそのまま分析手法としても活用できるのに対し、リソース・ベースド・ビューの理論は、正しいけれどもそのままでは使いにくいことは、理論が提唱された当時から指摘されていました。

　そして今でも、企業内部資源の分析としてVRIOが定番となっていないのは、分析ツールが作られなかったことが強く影響しています（それほど、使えるツール化することは大切なのです。近年の研究者はあまりそれに興味関心を示しませんが……）。

　とはいえ、皆さんはどうかご安心ください。
「使えてこその理論」という私の信念のもとに、この理論についても現場実践のハウツーを用意しております。ほかの理論と同様、本章を読み終わったあとには、皆さんは「使える／使ってみたい」と思えるようになっているはずです。

　VRIOが分析に使いにくいのは、1つの資源を4つもの評価基準から分析するという、その評価基準の多さにあります。4つのものごとを同時に考えなければならないので、思考が働きにくいのです。前章で私は、ポーターの5要因分析を3つと2つに分ける分析メソッドを提示しましたが、**VRIOも同様、2回に分けて分析をするのです。**

第一のステップは、Ｖと、Ｒ・Ｉの分析です。Ｖとはすなわち、５年先もその会社にとって大切な資源かどうか。こちらの軸は「**重要性**」です。

　ＲとＩは、２つ合わせて、５年先にもまだ優位性を維持できているかどうか。こちらの軸は「**優越性**」です。

　この２軸、４象限で、社内の各種資源を分類してみます（図5-5）。

図 5-5

....

重要性と優越性による2軸評価

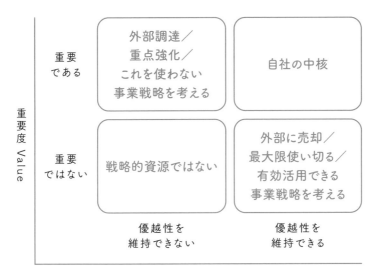

どの資源を重点強化すべきか？
どの資源の処分を考えねばならないか？

実践で学ぶ VRIO

　ここでも、実際に経験しながら、学んでいきましょう。

　今回は、日本マクドナルドを題材にします。同社の内部の実際は、皆さんはよくわからないでしょう。もちろん、私だって詳細はわかりません。でも、練習ですから、それで十分。使い方、考え方がわかればよいわけですから、同社に気兼ねすることなく練習素材とさせていただいて、分析をしてみましょう。

> 日本マクドナルド内部の資源を、重要性と優越性の2軸で分類してみてください。

　大切なことなので、ここで2時間目の「SWOT分析」でお話ししたことを、もう1回強調しておきます。「資源」をどれくらいのレベル感で捉えるか、その分析の粒度をそろえる必要だとか、ダブり、もれなども一切気にしないで出してみることです。

　グループでやるなら、なおさら。あなたの脳が快適に働く粒度で、気軽に出してみることこそがよい思考をするためのポイントであり、わざわざ思考しにくくなるような枷をはめて分析をする意味はまったくありません。とにかく何も恐れず、自由にやってみましょう。

私の分析結果をご紹介します（図5-6）。

　さて、分析結果を吟味していきたいのですが、まずは図5-6の右上「5年後でも、重要性が高く、卓越性も維持できていそうな資源」。

　マクドナルドであれば、スピーディに、低コストでハンバーガーを店頭で生産・供給する生産ノウハウなどでしょうか。忙しい昼どきでも、すぐに商品をそろえてくれるのは同社の大きな魅力です。そしてその力は、同社の圧倒的な規模と、数十年にわたって磨かれてきたオペレーションにあるわ

図 5-6

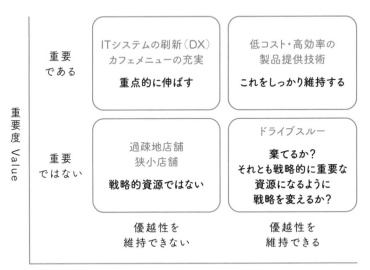

マクドナルドの分析例

重要である	ITシステムの刷新（DX） カフェメニューの充実 **重点的に伸ばす**	低コスト・高効率の 製品提供技術 **これをしっかり維持する**
重要ではない	過疎地店舗 狭小店舗 **戦略的資源ではない**	ドライブスルー **棄てるか？ それとも戦略的に重要な 資源になるように 戦略を変えるか？**
	優越性を 維持できない	優越性を 維持できる

重要度 Value

優越性 Rare & Less Imitable

けですから、一朝一夕に追い抜かれることもありません。5年先程度では、十分に競争力を維持していることでしょう。

　こうした、会社にとって重要で、かつ、半端なことでは揺るがないような圧倒的な強みは、まさにその会社の中核的資源。今後の戦略も、この資源をフル活用するつもりで構築すべきです。まずはこの、自社にとっての中核を認識する。

　対角線にある、左下もまた判断をつけやすい領域です。「5年後には重要性が低下しており、また放っておけば優位性を維持することもできないような資源」。

　マクドナルドでは、過疎地の店舗や、狭小なスペースで行なう小型店舗などでしょうか。ハンバーガー以外のパンメニューなども、これにあたるかもしれません。ここは、意見の分かれるところでしょう。私と意見が違っていても何ら問題ありません。皆さんが間違っているのではなく、私の見識が誤っている可能性も高いですから。

　いずれにしても、左下に位置づけた資源は、数年後には不要になり、また優位も維持できないのですから、その資源を放棄するか、あるいは放棄しないまでも「戦略上の中核的要素としては使わない」と割り切ってしまえばよいのです。ここに該当した資源については見切りをつける、という意味で、経営者にとってはさほど頭を悩ませる部分ではありません。

　難しいのは、ここから先です。左上、「今後、重要性は高まるけれども、現状のままでは優越性を構築できないよう

な資源」。

　マクドナルドでいえば、日進月歩で進歩し続ける店頭や
バックヤードの IT ／ DX システムや、今後の需要が見込ま
れる一方でスターバックスなどには遅れをとってしまって
いるカフェメニューや、店内空間の居心地などでしょうか。

　今後のビジネスでは、間違いなく大切になる。けれども、
何も手を打たなければ、劣後してしまう。

　この左上の領域こそが、この分析を通じて経営者が発見
し、今後のために磨くべき点なのです。マクドナルドが長
期・安定的に発展していくために、今、力を入れて育てな
ければならない部分が、IT システムやカフェメニューの充
実などにあたるのです。

　右下については、どう考えるか。「今後、重要性は低下す
るけれども、そのときでも恐らく卓越性は維持できていそ
うな領域」。

　マクドナルドなら、たとえばドライブスルー機能。今後
の人口減少と、クルマ離れの中で、ドライブスルーによる
売上が維持できるかは不透明です。その一方で、マクドナ
ルドのドライブスルーの仕組みは数十年の取り組みの中で
磨き抜かれており、クルマ移動をする人たちに対して、こ
れから先も魅力的なサービスを提供し続けられることも想
像に難くありません。

　この領域をどうするかは、とても悩ましい。皆さんの会社
では、たとえばeコマースやDXが進んでいく中でのマンパ
ワーを掛けた営業能力や、先細った出荷先向けに作ってい

る固有技術のニッチ商品などが、ここにあたるでしょうか。もはや、会社にとっては重要ではなくなっているけれども、優位性はあるだけに、扱いに困ってしまう領域です。

　こうした資源については、「**①決然と放棄する**」「**②稼げるうちに稼ぎ切る**」「**③この資源が戦略的に重要な意味を持つように（重要性が高まるように）戦略を転換する**」という**３つの選択肢があります**。いずれが正解となるかは、まさにトップ経営者マター。トップが描く大きな展望の中で、こうした資源の位置づけを考える必要があるのです。

　皆さんなら、ドライブスルーをどう位置づけるでしょうか？効率性を追求していく中で、ドライブスルーからは撤退するのか？　それとも、急いでいるときにもドライブスルーが便利に使えるという顧客満足度の観点から、ドライブスルーをむしろ重要な戦略的資源として活用できるように、上手に全体の戦略の中に組み込むのか？　まさにここは、AIでは答えの出せない、人の意思決定が創り出す未来像に依存することになります。

資源をオーガナイズする

　５年先を見据えて、自社の中にどのような資源をそろえていくかが吟味できたら、最後は「それらをどのようにオーガナイズし、収益をあげられるようにするか」です。

このとき役に立つのは、チャート図を作成してみることです。最終的な収益アップにつながるまでの「ストーリー」を描いてみるのです。

　他社の追随を許さない強固な優位性は、練り込まれたストーリーの中にある──日本を代表する経営戦略論者の1人、一橋大・楠木建先生が名著『ストーリーとしての競争戦略』（東洋経済新報社）の中で明らかにしたことです。

　因果がシンプルなものごとは、簡単に真似できてしまう。複数のものごとが複雑に絡まり合い、長大に構築された因果は、そうそう再現できない。学術的にはこれを「社会的複雑性」ともいいます。「**よく練り込まれたストーリーを作れ**」とはすなわち、「**手持ちのリソースをよくよくオーガナイズし、唯一無二の戦略を構想せよ**」ということなのです。

　マクドナルドの場合を見てみましょう。低コスト・ハイスピードで商品を提供できる能力を中核に、IT への投資や、カフェメニューを補っていく。優位性は維持できるが人口減少・クルマ離れの影響を受けそうなドライブスルーを、うまく扱っていく──こうした要素を総合的に練り込んで、マクドナルドとしての収益改善の道筋を立ててみるのです（次ページ図 5-7）。

　マクドナルドはここで、顧客の LTV（Lifetime value、顧客生涯価値：顧客1人当たりの生涯における支払額）の改善と、店頭での回転率の改善による収益アップを狙います。IT 化やモバイルオーダーによって店頭の効率を改善する

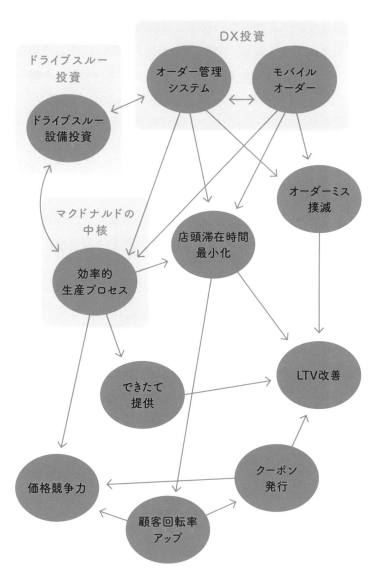

図 5-7

マクドナルドの資源のオーガナイズ

とともに、その情報が即座にバックヤードに飛ぶことで、生産効率をさらに高めます。

　ドライブスルーも同じシステムで統合し、顧客に待たせることなく、またオーダーの順序をたがえることなく、車でお急ぎのお客様にも計算の立つ時間で商品を届けられるようにしています。

　さらには、こうして効率性を改善し、より低コストで顧客に商品を届けられるようにしたことで、浮いた費用をクーポンなどに回し、さらに顧客を惹きつけることもできるようになっています。

　マクドナルドのチャート図は、そのすべてを説明するのも困難なほど、よく練り込まれています。それが混然一体として、マクドナルドの競争優位を構築している。これこそが、資源がオーガナイズされているということ。とりそろえた資源を、どのように相互に関連づけて、戦略的な目標を達成するか──それを描くことが、VRIO分析の完成なのです。

次はあなたの番

　そんなわけで、ぜひ皆さんにも自社の内部資源を、どう組み合わせて優位性を構築するか、チャート図を描いてみてもらいたいと思いますが、ここで1点だけ、チャート図を作っていくうえでのポイントをお伝えしましょう。それは、**チャー**

ト図における終点、すなわち戦略の目的は、収益性という観点からは究極的には次の4種類しかないということです。

①他社よりも効率的で、コストが安い
②他社よりも製品・サービスが魅力的で、高単価で販売できている
③他社よりも多くの顧客を惹きつけ、より大きなシェアを実現できている
④他社よりも強く顧客を惹きつけ、リピート率などLTVが改善している

　会社の中での虎の子のリソースを使うわけですから、それを通じて、確かに競合よりもよい価値を顧客に届けられるようになっていなければ、戦略の成功とはいえないのです。「○○ができるようになる」などは、まだ途中経過。「○○ができるようになった」ことによって、「顧客にとってどのような価値が実現されたのか」「競合に対してどのような優位性が構築されたのか」が問われるのです。かくして、競合に秀で、顧客により魅力的な製品・サービスを届けることを大きく4つに分解して、**低コスト化、高付加価値化、高シェア、顧客生涯価値のいずれかが戦略目標となるのです。**

　自社の中核たる資源を使って戦略を組み立てるのだから、顧客にとってメリットがあり、競合に差をつけられるようにこそ使うべきです。この点さえ守っていただければ、あとは

チャート図の作り方に細かいルールがあるわけではありません。いつも通り、皆さんの思考が進みやすい、自分の思考パターンに引き寄せた使い方をしていただけたらと思います。

　たとえば、図5-8 はアマゾンを創業するにあたって、創業者のジェフ・ベゾスが描いた図として知られるものです。とてもシンプルな円環図ですが、顧客にとっての利益があり、結果として自社のビジネスが拡大していく様子がとてもシンプルにまとめられています。どんな絵でもよいのです。自分として思考が回る形で、自社のリソースをどう育てて、どう成功をつかみとるのか。あなたも、自分なりのチャート図を描いてみてください。

図 5-8

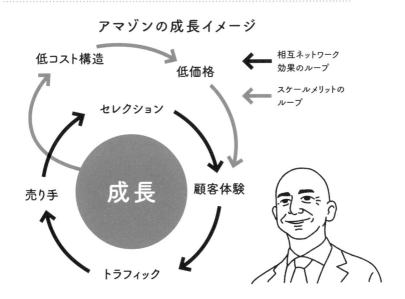

アマゾンの成長イメージ

低コスト構造　　低価格　　相互ネットワーク効果のループ

スケールメリットのループ

セレクション

売り手　　成　長　　顧客体験

トラフィック

演習問題⑤

今、自分が携わっている事業、あるいはあなたが今、心に描いている新規事業について、重要性と優越性から伸ばすべき資源、捨てるべき（伸ばす必要のない）資源を検討してみてください。

回答例

　2005年、米国IBMは、PC事業を中国のレノボに売却しました。IBMはPCの黎明期から産業の発展を支えてきた企業で、PCという製品の基本設計からパーツ・周辺機器まで、同社がその原型を作ってきたといっても過言ではありません。だからこそ、同社がPC事業から手を引くというのは衝撃をもって世間に受け止められたのです。

　しかし、そこにはIBMの未来を見据えた戦略的な内部資源管理がありました。IBMは、もはやPCは技術的に陳腐化し、結果として収益性の低い事業になってしまったことを認識していたのです。PC事業を継続していても、同社は優位性を維持できるでしょう。ですが、IT業界全体を見れば、PCはもはやそのごく一部でしかなく、IT業界で高いプレゼンスを今後も示していくうえでは、重要性のごく低い事業となっていたのです。これを、同社はまだ値段が十分につくうちに売却したのです。

　実はIBMはすでに、未来への布石を打っていました。2002年には、世界的に名高い経営コンサルティング会社のプライス・ウォーターハウス・クーパース・コンサルタント（PwC）を買収し、IBM Consultingと改めています。

　今後のIT業界では、顧客の戦略実現のための総合的なシステム・ソリューションが必要になる。今後の重要性は高まるが、今

のままでは優位性を得られない——そう判断して、同社はコンサルティングの能力を買収したのです。

　これらの戦略は功を奏し、20 世紀にコンピュータ産業をけん引してきた同社は、21 世紀になっても IT 業界のリーディングカンパニーとして、顧客に総合的なシステムを提供する企業として優れた業績をあげています（図 5-9）。

図 5-9

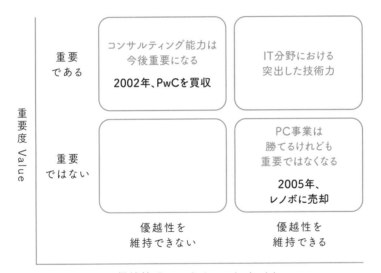

IBMのシステム・ソリューション企業への転換戦略

コンサルティング能力は
今後重要になる
2002年、PwCを買収

IT分野における
突出した技術力

PC事業は
勝てるけれども
重要ではなくなる
**2005年、
レノボに売却**

重要
である

重要
ではない

重要度 Value

優越性を
維持できない

優越性を
維持できる

優越性 Rare & Less Imitable

☑ 一般戦略分析や5要因分析などのポーター流＝経済学流の戦略理論とは、極論すれば「製品自体の性能や品質が優れていなくても、商売が成り立つ構造を作る」こと。そのため、品質向上、コスト競争力を高めるなどの経営努力がおろそかになりがち。すると、強力なライバルが登場したときに窮地に立たされる可能性が高まる。

☑ ポーター型の経営戦略は「外部環境分析」と位置づけられる、これに対置されるのが「企業の内部資源をこそ磨いていくべき」とする経営戦略論の学派「リソース・ベースド・ビュー（Resource based view）」。その基本的な考えは「経営戦略を考えるにあたっては、企業が有する資源に基づいて考えよ。策略は確かに効果をあげ得るが、策略に溺れては、実力が育たない。実力があってこそ、真に長期安定した企業経営が実現される」というもの。

☑ 社内の資源状況を分析するツールがVRIO。VRIOとは、「Value：価値がある」「Rareness：希少である」「Imitability：簡単には真似できない」「Organized：組織の中にうまく組み込まれている」の4つの言葉の頭文字を並べたもの。

☑ VRIOを実際に使うときは、2回に分けて分析をするとよい。第1のステップは、V（重要性）と、R・I（卓

越性）の分析。それが終わったら、O（組織）。つまり、
V・I・Rをそれぞれどのようにオーガナイズ（O）し、
収益をあげられるようにするかを考える。

....

☑ 一橋大・楠木建氏によると、他社の追随を許さない強固
な優位性は、練り込まれたストーリーの中にある。つま
り、「手持ちのリソースをよりよくオーガナイズし、唯
一無二の戦略を構想せよ」ということ。

さらに学びを深めたい人のために

〈参考文献〉

『［新版］企業戦略論 戦略経営と競争優位【上】基本編』
『［新版］企業戦略論 戦略経営と競争優位【中】事業戦略編』
『［新版］企業戦略論 戦略経営と競争優位【下】全社戦略編』
（ジェイ・B・バーニー、ダイヤモンド社、2021 年）

VRIO 分析の生みの親、ジェイ・B・バーニーによる経営戦略テキスト
です。MBA 受講者や学者向けに書かれたものなので、かなり難易度が
高いです。しかし、経営学をさらに詳しく学びたいという方は、「思考
力を磨くためのテキスト」として、ぜひお読みいただきたいです。

『経営戦略の論理
第4版：ダイナミック適合と不均衡ダイナミズム』
（伊丹敬之、日経BPマーケティング、2012年）

内部資源の研究が日本企業を対象とした分析に端を発することはすでに
お伝えした通りですが、その時代に活躍し、まさに内部資源の大切さ、
すなわち帳簿には表れない「見えざる資産」の経営上の重要性を見出し
たのが伊丹敬之先生です。見えざる資産をどう特定し、それを戦略の中
にどのように組み込んでいくのか。その理屈を多くの事例を通じて学べ
るのが本書です。

『ストーリーとしての競争戦略』
（楠木建、東洋経済新報社、2010年）

優れた経営戦略は重厚なストーリーの中にあるとし、そこにおける資源
や策略が織りなす因果の複雑さこそがよき経営の鍵であると論じたベス
トセラー。膨大な内容が実に読みやすくまとまってもおり、ストーリー
こそが大切とする著者の考えが見事に具現化されている本です。

『能力構築競争　──日本の自動車産業はなぜ強いのか』
（藤本隆宏、中公新書、2003年）

トヨタなどの有力・有望な日本企業の競争原理が、ものづくりなどの技
を競う能力構築競争にあること、なぜそれが大切なのかを論じたもの。
日本のものづくり経営の第一人者による、経営戦略にまったく異なる視
座から光を当てている本。

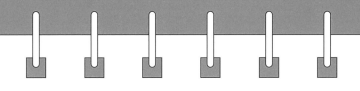

6 時間目

これから起こる未来を構想する

6 時間目で学ぶこと、押さえてほしいこと

現在時点での会社をめぐる機会・脅威、強み・弱みに沿って策略を立てただけでは、盤石な経営戦略になったとは言えません。未来は大きく変化していきますから、その変化をよく察知して、あらかじめ備えておくことも必要になります。経営戦略の研究から、そうした未来を洞察するための手法も数多く生まれました。今回はその中でも実績ある"使える技法"、PEST分析とシナリオプランニングの2つを身につけていただけたらと思います。

現状分析と同じくらい
大切な「未来構想」

　5時間目までは、企業をとりまく「現在」に集中してきましたが、この章では少し視線を先に向けて、これから起こる未来を構想する方法を学びましょう。

　経営戦略は、会社の未来を拓くためのものです。であれば、**よい経営戦略を生み出すには、的確で精緻な現状分析も大切ですが、同時にまた未来に対する鋭い洞察も求められることになる。**いかに現状理解が正しくとも、未来の読みが外れれば、その戦略はまるきり失敗してしまいます。

　ですから、外、内と現状をよくよく分析してきたならば、次には視点を未来へと注ぎ、これから何が起こるのかをしっかり把握しておく必要があります。仲間の命運を握って意思決定を行なう経営リーダーには、未来構想の力も必要不可欠なのです。

　未来構想の重要性は現代ではいっそう高まっています。

　自社が属する業界にAIやロボットのインパクトが本格的に訪れるのはいつか？　シンギュラリティはいつ起こるのか？　消費者のトレンドはどう変わるか？　人々は何に価値を置き、どんなことにお金を払うのか？　その読みの速さ、鋭さを競うようなゲームが、現代の産業競争では起こっているからです。

未来は「予測するもの」であり「創るもの」でもある

　この章では、経営戦略論の大変重要な一分野をなす「未来構想」の方法を論じます。ここで、まずは未来というものが持つ重要な2つの側面を確認しておきましょう。

　それは、**未来とは「予測するもの」であると同時に「創るもの」でもある**ということです（図6-1）。

図 6-1

....

よい戦略とは、未来を拓くもの

リーダーは、 未来を**先読み**しながら、 **その変化を主導し、** よき未来を拓く人	現状を分析して 課題を見つけるだけでなく、 **「未来を予測し、創造する」** という姿勢が 経営戦略には要求される

今日のトップ経営者たちは、
未来を予想すること、
未来を創ることが
競争の焦点となっている

5年先の世界がどうなっているか？

　その多くは、自分や自社ではどうすることもできない、もっと大きなものの影響で決まってくるでしょう。

　たとえば、国内外の政治情勢、マクロ経済の情勢、天変地異、文化にテクノロジーまで、一介の個人や企業にどうこうできる余地はありません。大きな不確実性をはらみながら、どちらに転ぶともわからない未来は、経営戦略を立てる人間にとってはまず「予測すべきもの」だといえます。

　しかし、こと自社をとりまく周辺的な状況については、自分たちで創っていける側面も決して小さくはないのです。自分たちが業界の技術革新をけん引すれば、技術進歩のスピードを速めることもできますし、逆に遅くすることもできる。顧客のトレンドにも一定程度の働きかけができるでしょうし、規制や業界のルール作りにも関与することができる。ですから、経営戦略を担う人物にとって、未来は「創り出すもの」でもあるのです。

　現代日本を代表する経営者の1人、孫正義さんは、経営者としてどう未来と対峙すべきか、とても興味深い言葉を述べています。

　かといって確率が九割を超えるまで待っていると、とくにわれわれの業界ではほとんど手遅れになります。もちろん、短期間で素早く九割以上の確率が押さえられるなら、それに越したことはない。でも八割、九割まで待っていると手遅れになる場合が多い。

（中略）日本の大企業が負けるのはだいたいスピードです。彼らは九割まで待っている。

　リスクは高くてはいけない、でも低く抑えすぎては勝負すらできないということを、ぜひ覚えておいてください。（『ソフトバンクアカデミア特別講義．孫正義　リーダーのための意思決定の極意』光文社新書、2011年）

　孫正義氏の言葉には、未来は予測すべきものであり、創るべきものであるという姿勢が明確です。さまざまなデータをもとに、時系列の中で、自社の現在と、そこから先を見据える。そこには「予測」の精神を見て取ることができます。

　しかし、その予測の中で、「9割の成功を確信できる状態を待っていたのでは、もう遅いのだ」と。予測はするけれども、ある日突然変化することだってある。だとすれば、**不確実な部分がいまだに残っていることを前提としながらも、自ら率先して未来を切り拓いていく姿勢もまた求められる**——孫さんはそのように経営を考えているのです。

　かくして、現代の産業界では、孫さんのみならず、イーロン・マスクしかり、マーク・ザッカーバーグしかり、「これから何が起こるか」の読みと、「自ら未来を創り出そう」とするアクションとの、両面での腕を競うような競争が起こっています。スケールこそ違っても、それは私たちだって同じです。現状を正しく分析することと同じように、未来を予測し、創造していくための技法を、身につける必要があります。

161

未来構想の技法① PEST 分析

　実はこの未来構想についても、経営戦略論ではある程度手法が確立されつつあります。今回は、その中で中核的な役割を占める2つの手法、「**PEST 分析**」と「**シナリオプランニング**」を紹介します。

　この2つの手法は、組み合わせて用いることで力を発揮するので、今回も使うシーンを想定しながら、順番に解説していきます。

　テーマに沿って分析をしていくほうがわかりやすいので、今、日本では本当にそんな時代が訪れるかどうかが疑問視されている「昆虫食」について検討してみましょう。

　昆虫食については、近年、多くのベンチャーが資金調達に成功し、事業としても「生産が追いつかない」という状況にあるようです。SDGs を標榜（ひょうぼう）する多くの小売企業から引き合いが相次ぎ、急成長をしている分野です。

　その一方で、昆虫食については文化的・心理的に根強い抵抗があります。ある調査では、「どんなことがあっても昆虫は絶対に食べない」と回答した人が実に60％超となり、最近の昆虫食の普及に対しても、自分が食べるわけではなくてもネガティブな反応を示す人も少なくないようです。

　もし皆さんが昆虫食ベンチャーの経営者なら、この状況で、どう未来を読み解き、創造しようとするでしょうか？

これを考えるにあたっての第一歩が PEST 分析です（図 6-2）。PEST とは、「Policy（政治・政策）」「Economy（経済）」「Society（社会）」「Technology（技術）」の４つの言葉の頭文字をとったものです。マーケティングの第一人者、コトラーが提唱した、これから先の未来を読み解くための４つの着眼点です。

図 6-2
....

PEST分析
政治・経済・社会・技術の
未来を見据えるためのツール

P：Policy 政治・法律・政策は どう変わるか？ 	E：Economy 日本とグローバルの経済は どう変わるか？
S：Society 社会・文化は どう変わるか？ 	T：Technology 科学・技術は どう変わるか？

ある業界をとりまくマクロ環境構造は、おおむねこの4つの要素から読み解くことができます。さっそく皆さんも、昆虫食ベンチャーの経営者の目線で、これから先、昆虫食をめぐって、PEST の4つの要素について何が起こるかを考えてみてください。

● Policy：政治・政策

　今後、国内でどのような政策が昆虫食やその周辺分野で実施されるか？　どのような規制が生まれ、どのような規制が緩和されるか？　世界情勢をめぐっては、国際的にどのようなルールが作られるか？

　昆虫食をめぐっては、健康被害などの観点から、大幅な規制が敷かれる可能性があります。反対に、持続可能な社会の実現をめぐって、大きな補助金が投入されるかもしれません。海外の食品輸出国との間で貿易協定が結ばれたとしたら、それも昆虫食ビジネスにとってはネガティブな影響を受けることになるでしょう。

● Economy：経済

　これから、経済情勢はどうなっていくか？　人々はどのように消費を行なうようになるか？　逆に、生産活動としてはどのような活動が盛んになるか？　金融分野ではどのような変化が起こるか？

昆虫食をめぐっては、人々がエシカル（倫理的）な消費にどれくらい乗り出すのかが１つの鍵になるでしょう。エシカル消費が加速すれば、昆虫食の普及は加速します。その一方で、昆虫食ベンチャーが隆盛をきわめ、競争が盛んになれば、自社としては苦しい状況になるかもしれません。また、金融分野でベンチャー投資が盛んになる中で、食品ベンチャーとして自社が資金調達をしやすくなる可能性も少なくないでしょう。

● Society：社会情勢

　文化はどのように変わるか？　自社・自産業をめぐって、どのような賛否両面での社会的な認識や運動が起こるか？人々は、どのようなことに価値を重視するようになるか？
　昆虫食においては、ここが勝負どころでしょう。昆虫を当たり前に食べる時代が訪れるのか、それとも「昆虫を食べるなんてやっぱりイヤだ……」となるのか？　人々の心がどちらに転ぶかは、本当に読めません。読めないながらも、昆虫食が文化的に受け入れられるかどうかという点は、将来における最大の不確実要因としてしっかりとチェックしておきたいところです。

● Technology：技術

　科学技術はどのように進歩するか？　昆虫食自体の技術は、関連他産業の技術は、どのようになると予測されるか？

昆虫食の生産効率、栄養効率は今後もぐんぐん伸びていくでしょう。しかし、同時に、牛肉や鶏肉の生産効率、栄養効率も改善していくはずです。ほかのタンパク源との技術開発競争が、これから起こっていくことになり、そこに勝ち切れるかどうかは、やはり不確実です。このほか、物流技術や保存技術などが改善し、食品を届けやすくなることは、かなり確実に想定される未来だといえるでしょう（図6-3）。

図 6-3
....

昆虫食をめぐって、これから何が起こるか？

PEST分析

P：Policy	E：Economy
食料自給率改善策 貿易協定強化	食費の増大 食ベンチャー＆ 金融活性化
S：Society	T：Technology
昆虫食をめぐる 論争・騒動	ほかのタンパク源の 技術改良 物流改善

こうして、PEST の４つの分類でこれから起こることを考えていくと、確かに、この産業をめぐってこれからどういうことが起こるのかが見えやすくなります。PEST 分析は、見落としなく、アイデアや気づきを出していくうえで、力を発揮する手法なので、リラックスした気持ちで、個人・グループでのワークを実施してみるとよいでしょう。

　しかし、PEST 分析だけではまだ、皆さんはありありとは産業の未来が見えては来ないはずです。なぜなら、**PEST はアイデア出しの手法ではありますが、その未来の実現する可能性や、自社にとってのインパクトの大きさなどを区別していない**からです。まずは、すべての要因を横並びにリストアップする。**PEST は漏れなく要因を抽出するうえで、力を発揮する手法なのです。**

未来構想の技法②シナリオプランニング

　PEST でリストアップした要因を、どのように重みづけし、分類していくのか——そこで力を発揮するのが、シナリオプランニングです。

　シナリオプランニングの歴史は古く、1960 年代に、オイルメジャーのロイヤル・ダッチ・シェルの中で開発された手法です。当時、同社は非常に不確実になった社会情勢の中で、それぞれの自社事業をどうかじとりしていけばよいか、難儀していました。そんな折に、自社の叡智を結集し

て、未来を予測できるようにと開発されたものがシナリオプランニングなのです。

　シナリオプランニングはその後も一定の支持を得てきた手法ですが、特に近年、各業界が急速な変化を遂げるようになり、未来について不確実性が高まる中で、再注目されるようになっています。

　それでは、さっそくそのシナリオプランニングを実践していきましょう。最初のステップは、PEST分析でリストアップした各種の未来の可能性について、**自社・自産業にとっての**

図 6-4

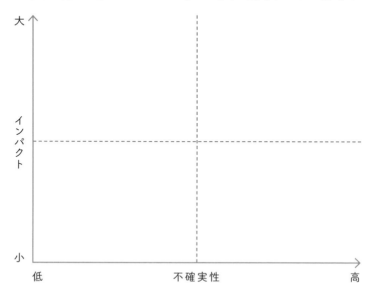

シナリオプランニング
確実に何が起こるかわかるものと、不確実なことに分ける

インパクトの大きさと、実現するかどうか、またどのような
未来が訪れるのか、不確実性の高さの2軸で評価することで
す（図6-4）。

　インパクトが小さいものは、経営戦略を考えるうえではあ
まり重視すべきことではありません。同様に、不確実性も低
く訪れることが確実視されているような未来のことであれ
ば、それは「気にしなくてもよい」ものだといえるでしょう。
　昆虫食についてインパクトと不確実性での評価を実施し
てみた例が図6-5です。ここでは、自社にとってインパク

図 6-5

昆虫食をめぐる環境要因の評価の
シナリオプランニング

トがさほどでもなく、また訪れることが確実なこととしては、物流をめぐるテクノロジーの進歩などが該当します。

　物流の進歩も経営上は一定の影響力を持ちますが、昆虫食ベンチャーの企業にとっては、ありがたく利用させてもらうだけのことです。相対的に見れば、経営戦略に織り込んでいかねばならないような、大きな事項ではありません。

　一方、インパクトが小さいとしても、それがどういう帰結をもたらすのか、不確実なものについては、「念のため注視」をしておく必要があります。昆虫食の例でいえば、食ベンチャーや、そこへのベンチャー金融の活性化などが指摘できます。これから先、自社を脅かすような競合がそこから育たないとも限らないわけです。念のため、動向を注視しておくのです。

　また、食費の増大などもここに該当するでしょう。国民の可処分所得に占める食費の割合が、昆虫食の普及にどう作用するかは読めません。ひょっとしたら、食費の増大が昆虫食への傾斜を強めたり、逆に食費の減少が昆虫食ビジネスの売上に悪影響を及ぼしたりするかもしれませんから、「念のため、注視をしておく」という対応が妥当となるのです。

　これらのインパクトの弱いものに比して、自社・自産業へのインパクトの強いものについては、その不確実性の程度にかかわらず、自社のこれからの経営戦略に積極的に織り込んでいく必要があります。

まず、インパクトが強く、かつ、今後起こることが確実と見られる、不確実性の低いこと。これらは前提条件として考慮し、今後の経営戦略に明確に反映させていく必要があります。

　昆虫食でいえば、今後の国際的な食料争奪戦の訪れと、それにともなう貿易協定の強化や、国内での自給率の改善政策の実施などが、インパクトも大きく、そして確実に訪れる未来として考慮すべきものになります。

　外国産の安価な食材が流入することや、今後、国を挙げて農林水産業に強力な補助が行なわれることを前提条件として、昆虫食ベンチャーは経営戦略を立てねばならないのです。それらの変化が生み出す、機会・脅威をよくよく吟味して、対策を立てたり、今からそのチャンスをつかめるように準備をしておく必要があります。

　そして最後に、インパクトが大きく、かつ、どういう未来が訪れるか、不確実性の高い要因。これらが、企業の経営の今後を左右する、最重要な環境要因となります。

　昆虫食でいえば、昆虫という新食材をめぐる国民感情や社会情勢がどうなるか？　昆虫食が受け入れられるのか？それとも激しい反発が起こるのか？

　まさに、これこそが昆虫食ベンチャーの事業における最大の懸念事項です。ここまでのプロセスで、それが特定できたわけです。

　また、昆虫以外の新食材や、加工法、生育法が確立され

る可能性もあります。牛・豚・鶏肉が今よりも効率的に生産できるようになり、昆虫などよりもはるかに低コスト・高効率なタンパク源になる可能性は、小さくありません。これもまた、昆虫食ベンチャーの事業戦略の根幹を揺るがす、大変重要な環境要因となるのです。

　この「インパクト大・不確実性大」に該当した事項については、さらに深く吟味をしていく必要があります。シナリオプランニングは、いよいよ大詰めです。

未来のさまざまな可能性を検討する

　自社・自産業の在り方に強い影響を及ぼす、インパクトの強い事柄でありながら、どちらに転ぶともわからないような、不確実性の高いもの。まさにそれこそが、自社の未来を左右する要因なのですが、**シナリオプランニングではここで、未来がどちらに転ぶのか、それを予測することを放棄します。**どこまで吟味しても、わからないものはわからない。そのことを認めてしまったうえで、起こり得る未来の可能性を洗い出しておき、すべてのシナリオに対応できるようにしておくのです。

　シナリオプランニングでは、インパクト・不確実性の高い「重要環境要因」について、どちらに転ぶ可能性も考慮しておく。一般的にはここで、重要環境要因のうちから2

つを選び出して、２軸４象限で検討をします。

　たとえば昆虫食の場合。重要環境要因の１つは、「昆虫食が社会的に受け入れられるかどうか」でした。広範に受け入れられた場合と、社会的に強い抵抗が起きた場合の、両方の可能性に対して備えておく必要があります。

　また、もう１つの重要環境要因は、「昆虫食以外の別の食材の可能性が高まるかどうか」です。鶏肉や牛肉で十分にタンパク質の提供が可能になった未来と、そうはならなかった未来。この両方の場合を、経営戦略には織り込んでおく必要があります。

　かくして、この２要因に注目するなら、未来の可能性は４パターンに分類されます。

　第１は、昆虫食が社会的に受け入れられ、ほかの代替食材が技術的に進歩しなかった未来。このときは、人類の未来のタンパク源はもっぱら昆虫になります。昆虫が食糧難を解決する時代が訪れるのです。

　この場合に備えるなら、昆虫食ベンチャーは、今から生産体制を整え、昆虫食全盛の時代の中心プレーヤーを担えるように投資をすべきでしょう。そうしたシグナルが多数みられるなら、果敢に経営を拡大すべきだといえます。

　第２に、昆虫食が社会的に受け入れられたけれども、代替食材の技術改良も進み、昆虫以外の選択肢もタンパク源として選択可能となった未来。人類にとっては、これが一番魅力的な未来かもしれません。好きなものを好きに食べられる豊かな食生活を、地球上の誰もが享受できるように

なっている。

　このシナリオの場合には、人々は豊かな食生活の中で、自分の好みの品として昆虫を食べることになります。そうした時代に対応しようと思えば、味や見た目の改良をはかり、嗜好品としての地位を確立すべきだということになるでしょう。

　第3は、昆虫食に対して社会的な抵抗が根強く、しかし、代わりの食材が発達しなかった未来。人類にとっては、これが最も悲劇的な未来です。限られたタンパク源をめぐって獲得競争が起こる。世界中で飢餓が頻発し、それを引き金とした紛争も起こってくるかもしれない。

　この場合には、昆虫食企業は、それを受け入れてくれる市場に向けて安定的な供給をしていくことが求められてくるでしょう。すべての人・社会に受け入れられているわけではないが、一部の人・社会には貴重なタンパク源として重宝される。この場合には、そうした昆虫食に対して受容性の高い地域への供給ルートを確保することが、企業の戦略の軸になってくるでしょう。

　そして第4は、昆虫食が社会的に受け入れられず、一方で、代替食材の安定供給のメドが立った未来。昆虫食ベンチャーにとっては、一番厳しい未来像です。他方で、人類にとっては、食糧危機をまぬがれることができた未来ではあります。

　この場合には、昆虫食ベンチャーが世界的に大きく活躍できるチャンスはあまりありません。一部の愛好家のため

の、ニッチ食材として生き延びるほかはありません。会社としての存続を考えれば、別の食材に多角化したり、昆虫を人類のためにではなく飼料やエネルギーとして提供したりするほうが適切となるかもしれません（図6-6）。

図6-6

重要な環境要因が「どちらに転ぶか」から未来の可能性を推定する

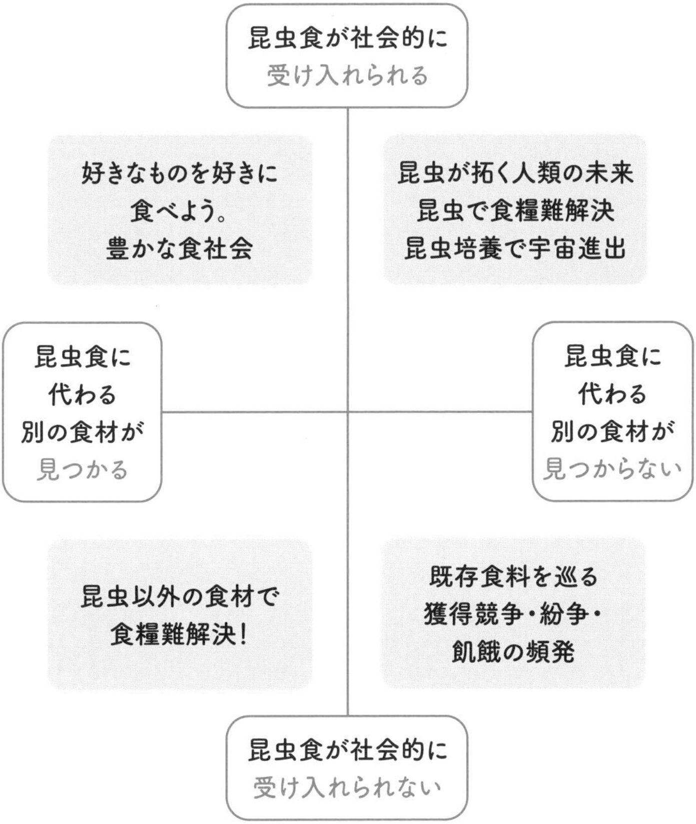

昆虫食が社会的に
受け入れられる

好きなものを好きに
食べよう。
豊かな食社会

昆虫が拓く人類の未来
昆虫で食糧難解決
昆虫培養で宇宙進出

昆虫食に
代わる
別の食材が
見つかる

昆虫食に
代わる
別の食材が
見つからない

昆虫以外の食材で
食糧難解決！

既存食料を巡る
獲得競争・紛争・
飢餓の頻発

昆虫食が社会的に
受け入れられない

ここまでの検討を実施することで、皆さんは、未来に起こり得るさまざまなシナリオに沿った複数の対応策を用意しておくことができます。1つの未来にだけ賭けるのではなく、そうならなかった場合にはどう戦略を転換すればよいかを、想定しておくことができるようになったのです。**「確実にこうなる」という形ではなく、起こり得るさまざまな可能性を想定しておくことが、予測し、対策をとる、ということなのです。**

　そしてまた、シナリオプランニングの中からは、自社にとって最も望ましい未来も浮かびあがってきます。昆虫食の場合でいえば、昆虫食が社会に受け入れられ、代替食材の技術が十分に進歩しなかったケースでしょうか。だとすれば、そこからは、「予測する」だけでなく「創造する」という態度から、自分たちがどのような未来を創っていくべきかも見えてくるのです。昆虫食ベンチャーの企業としては、社会に受け入れてもらえるようにこそ、最大限の啓発活動や普及活動を展開していく必要がありますし、代替食材の技術進歩に負けないよう、技術開発にも精力的に資源を割いていくべきだ、ということになるでしょう。

　なお、シナリオプランニングでは、必ずしも2軸で分析しなければいけないわけではありません。重要環境要因が1つだけであれば、1軸で検討するのも正解です。3つ以上の重要環境要因があるなら、3軸で検討してもよいですし、いくつも2軸図を作ってみるのも効果的です。

大切なことは、そうしたワークの中から、未来が多様に広がっているということに気づきを得て、その多様な未来像の、どれに対してでも対応できるように戦略の選択肢をいくつも作っておくことなのです。

未来は「未知」などではない

　以上が、シナリオプランニングの概略です。この章を通じて、皆さんは、現状分析と同じくらいに未来の構想も大切であるということ、そして、未来の構想が、「当たるも八卦・当たらぬも八卦」というような占い・おまじないでは決してなく、分析的なアプローチから接近可能であることも理解してもらえたことと思います。

　さて、今回もまた、「これならできそうだな、やってみようかな」と思えるように、講義をしてみたつもりです。「自社でやってみたらどうなるだろうか？」「話題のあのテーマでやってみたらどうなるか？──そんなふうに思ってもらえたなら、ぜひ、チャレンジしてみてください。

　自分で実践をしていく中から、あなたの未来構想力、そして経営戦略の構築能力は、飛躍的に高まっていくでしょう。

演習問題⑥

今、自分が携わっている事業、あるいはあなたが今、心に描いている新規事業について、PEST分析とシナリオプランニングから、起こり得る未来を想定し、対応策を立ててみてください。

回答例

「日本人の栄養状態を改善したい」という思いからうま味調味料「味の素」を生み出し、長年販売をしてきた味の素株式会社（AJINOMOTO）は、将来の変化を読んでうまく事業を拡大させてきた好例です。

味の素株式会社が事業を開始したのは1909年です。人体に必要な必須アミノ酸をバランスよく配合し、かつ味わいもよい「味の素」は、戦前までには国内に広く普及するようになりました。なお、当時からすでに海外での販売もスタートしていたようです。

戦後、同社は2つの方面で新しい成長戦略を立てていきます。どちらも、時代の変化に対応しようとしたものでした。

第1は、国内需要の飽和を見越した動きです。日本の市場での競争激化や、食の多様化を考えると、海外市場に進出しておくべきである。そして同社は1960年代から海外展開を積極化させていきます。とりわけ注目すべきは、新興国市場を攻略したことです。安価な個包装にして、現地の人々の健康状態の改善に資する「味の素」を、地道な営業で販路を拡大させていく。この手法で、同社は東南アジア、南米、アフリカなど各地で大きな成功を収めました。同社の新興国戦略は、1つの模範例とされています。

第2は、国内における共働き世帯の増加に対応する動きです。専業主婦の減少とともに、日本では料理にあまり時間をかけないようになっていきます。だしから調味をする「味の素」では、こ

の変化に対応し切れません。そこで同社は、1970年代、麻婆豆腐などに味を最適化した風味調味料「Cook Do」を開発したり、冷凍食品を作ったりなどして、時短を求める日本の消費者のニーズに対応したのです（図6-7）。

　そこからは、おのずと次の展開も見えてきます。新興国においても、経済成長とともに、次第に冷凍食品や風味調味料が求められるようになっていきます。「味の素」で海外各国に販売網を構築していた同社は、次なる展開として、この販売網を活用してより付加価値の高い風味調味料・冷凍食品を販売していき、現地の人々のニーズの変化に対応したのです。

図6-7

AJINOMOTOを題材としたシナリオプランニング

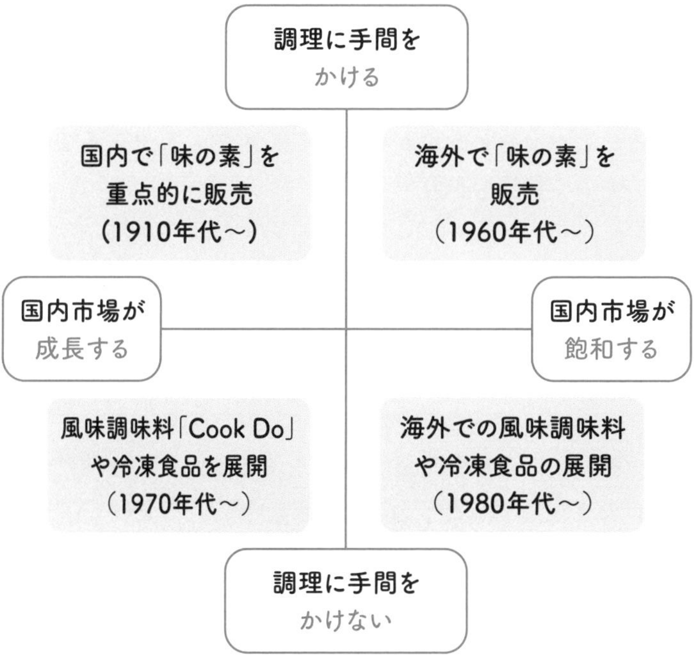

調理に手間を
かける

国内で「味の素」を
重点的に販売
（1910年代〜）

海外で「味の素」を
販売
（1960年代〜）

国内市場が
成長する

国内市場が
飽和する

風味調味料「Cook Do」
や冷凍食品を展開
（1970年代〜）

海外での風味調味料
や冷凍食品の展開
（1980年代〜）

調理に手間を
かけない

☑ よい経営戦略を生み出すには、的確で精緻な現状分析も大切だが、同時にまた鋭い未来に対する洞察も求められる。なぜなら、いかに現状理解が正しくても、未来の読みが外れれば、その戦略はまるきり失敗してしまうから。

....

☑ 未来には、「予測するもの」と「創るもの」の２つの側面がある。「予測するもの」は、政治情勢、マクロ経済情勢、天変地異、文化、テクノロジーなど、一企業・個人がどうする余地もないもの。一方「創るもの」は自社をとりまく周辺的な状況、自社の技術開発など。

....

☑ 経営戦略においては、不確実な部分がいまだに残っていることを前提としながらも、自ら率先して未来を切り拓いていく姿勢も必要。

....

☑ PESTとは、「Policy（政治・政策）」「Economy（経済）」「Society（社会）」「Technology（技術）」の４つの言葉の頭文字をとったもので、マーケティングの第一人者、コトラーが提唱した、これから先の未来を読み解くための4つの着眼点。

....

☑ シナリオプランニングの最初のステップは、PEST分析でリストアップした各種の未来の可能性ついて、自社・自産業にとってのインパクトの大きさと、実現するかど

うか、またどのような未来が訪れるのか、不確実性の高さの2軸で評価すること。

・・

☑ シナリオプランニングの第2のステップは、インパクト・不確実性の高い「重要環境要因」について、どちらに転ぶ可能性も考慮すること。「確実にこうなる」という形ではなく、起こり得るさまざまな可能性を想定しておく。

さらに学びを深めたい人のために

〈参考文献〉

・・

『コトラー&ケラー&チェルネフ マーケティング・マネジメント〔原書16版〕』
(フィリップ・コトラーほか、丸善出版、2022年)

マーケティング分野の第一人者、フィリップ・コトラーが、何度もバージョンアップをしながら、古典から最新まで、あらゆるマーケティングの手法を網羅した、マーケティングの百科事典的テキスト。これ1冊を読み込むだけで、マーケティングの多くのことを学べます。
コトラーが生み出したPEST分析の解説も本書に詳しいです。コトラーはこれをマーケティングの手法として提案していますが、その後すぐに経営戦略分野でもこの手法が広まり、教えられるようになっています。

『実践 シナリオ・プランニング ～不確実性を「機会」に変える未来創造の技術』
(新井宏征、日本能率協会マネジメントセンター、2021年)

日本語で書かれたシナリオプランニングの教科書としてはこれが最善のものです。本書でシナリオプランニングに興味を持たれましたら、この本でさらに学びを深めてもらえたらと思います。

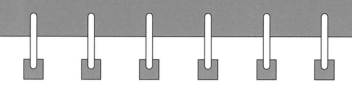

7 時間目

経営戦略を
実行に落とし込む

いくら鋭く分析をしようとも、いかに創造的な戦略を立てようとも、実行がともなわなければ戦略は絵に描いた餅にすぎません。幸い、戦略の実行についても、経営戦略の研究は少なくない知見が蓄積されています。人を動かすための正しい技法を身につけましょう。

実効性の高い
戦略シナリオとは？

　ビジョンを描き、現状をよくよく分析し、さらに未来の展開も構想する中から、今後の大きな戦略が描かれてきたとして、その最後のステップは「これをどのように実行に落とし込んでいくのか」です。リーダーの頭の中にあるだけでは、戦略は実現されません。組織全体として経営戦略を実行していくためには、少なくとも次の3つのことを準備・実施していく必要があります（次ページ図7-1）。

- 伝達……………聞き手に向けて、正しく、かつ、心を動かすように戦略を伝えること
- 計画……………詳細なスケジュールを用意し、個別部門について目標数値を整えること
- 組織と管理……必要なだけの資源を整え、組織し、かつそれを継続的に管理していくこと

　戦略には、計画を立てるのと同じくらい実行が大切になります。組織の仲間、あるいは組織を外部から支えてくれる人たちが、あなたの計画に賛同し、協力してくれなければ、よい結果を得ることはできません。

　たとえば、親から子への事業承継に揺れた大塚家具。
　娘の大塚久美子氏が描いた戦略は、「もはや日本では高級

図 7-1

実行あってこその戦略

戦略の立案　　　　戦略の伝達　　　戦略の計画・実行

家具など、そう多くは売れないのだから、業界で大きな成功を収めているニトリのように、安価で、質がよく、ほどよくモダンでオシャレな家具を、最小限の接客で販売していこう」というものでした。ここでは詳細は省きますが、諸々の数値を見る限り久美子氏の立てた戦略は決して不適当なものではなかったようです。

　しかし、久美子氏の事業承継後、大塚家具は停滞し、現在ではヤマダ電機に買収され、その傘下で再建を試みています。

　大塚家具がうまくいかなかったのは、まさに実行の問題でした。上述の親子の事業承継に際し、組織が父親派と娘派に割れて会社が分裂してしまったこと。また、久美子氏の立てた策自体は妥当なものではありましたが、これまで何十年にもわたってコンシェルジュのように顧客につきそいながら、輸入高級家具を高所得層に販売してきた販売担当者や、バイヤーなど、社内のベテランたちの反感を買い、戦略転換に非協力的な態度をとられてしまった。組織内部の説得に失敗した結果、実行計画がとん挫したのです。

そんなわけで、皆さんにはこの最終章では、戦略の実行方法について学びを深めていただけたらと思います。

戦略の伝達

　戦略の実行における第1のステップは、その戦略を正しく伝達することです。ここで、「伝達する」という行為には、3種類の側面があることを理解しておく必要があります。
　古代ギリシアの哲学者アリストテレスは、『弁論術』の中で、これを説得の3要素「**ロゴス、パトス、エトス**」として提示しています（図7-2）。

図 7-2

説得の3要素

ロゴス Logos **論理が 通っている**	パトス Pathos **感情が こもっている**	エトス Ethos **人として 信頼できる**
Logosとは ギリシア語で「言葉」 「理性」など ロジック（Logic：論理） の語源	Pathosとは 「感情」 人の意思決定の 大半は "情動"である	Ethosは 「精神」「性格」 転じてEthicsは 「倫理」と訳される 信頼できる 人格であること

第1は、**ロゴス（Logos）**。現代語ではロジック（Logic）、論理性のこと。すなわち、「**相手が正しく理解できるように論理的に伝える**」ということです。言葉が誤って伝わってしまうと、現場は混乱します。

　ただし、ここでいう「正しさ」「論理性」とは、「誰が聞いても同じ意味に受け取れる」という意味です。

　たとえば、経営陣から営業部に「売上を伸ばせ」という指示が出たとしましょう。

　営業の現場では、それを既存顧客へのアップセル（販売額を増やすこと）で実現しようとする人もいるでしょうし、「新規顧客を開拓せよ」という指示だと受け取る人もいるでしょう。あるいは、「利益度外視で値下げをしてもよいので売上を伸ばす」と考える人もいれば、「単価は維持しつつ、その値段で買ってくれる顧客にアプローチせよ」と解釈する人もいるでしょう。このように、「売上を伸ばせ」は決してわかりやすい言葉ではないのです。

　わかりやすさとは、誤解を生まないことです。 必要とされるレベルの詳しさで、やるべきことを明確に伝えることです。もちろん、現場の一挙一動まで指示するようなことをしては、メンバーは萎縮しますし、個々人の思考能力は発揮されないでしょう。ですが、現場のメンバーが同じ方向に向かって動ける程度には、具体的な方針・方法を伝えるべきなのです。

　伝えることの第2の側面は、「心を動かす」ことです。

アリストテレスは、これを「**パトス**」（**Pathos**）と呼びます。シンパシー（Sympathy）とか、テレパシー（Telepathy）の「pathy」と同じく心を意味する言葉です。Sym（同調する）pathy（心）で同情。Tele（遠隔の）pathy（心）で、遠くの人に心を伝える超能力（テレパシー）という言葉になります。

パトスとは「心がこもっている」ということです。「リーダーの言っていることはその通りであり、その実現に向けて協力しよう」と思ってもらえるよう、仲間たちのモチベーションを高めるような働きかけをすることです。

アップルの創始者、故スティーブ・ジョブズが、新作発表のプレゼンテーションに莫大な予算と、多大なリハーサル時間を費やしたことは有名です。これから先の社会が、どうなっていくのか。その中で、アップルはどういう役割を果たそうとするのか。ジョブズはそうした会社の未来の姿を、プレゼンにこめて全世界に発表しました。皆さんは、ジョブズがなぜプレゼンに多くの力を注いだのか、その意図がわかったのではないでしょうか。

アップルのファンのみならず、世界中に数万人といるアップルの従業員や、協力会社や取引先、果ては投資家や金融機関に至るまで、ジョブズのプレゼンに深く納得した人たちは、アップルに協力しようというモチベーションを高めたはずです。このように、組織を動かすという観点から、ジョブズは最も効果的な戦略伝達の手段として、プレゼンテーションを活用したのです（次ページ図7-3）。

図 7-3

**人の心を動かす効果的な戦略の伝達が、
実現を大きく助ける**

189

　そして、**伝えるということの第3の側面がエトス、つま
り「発言が信頼できる」**ことです。

　エトス（Ethos）の語義は人格。転じて現代語のエシッ
クス（Ethics）は「倫理」と訳されます。エトスとは、そ
の人柄が信用できること。発言に嘘偽りがなく、「この人の
言葉は信じるに足る」と思わせることです。

　「何を言うかではなく誰が言うか」——これが元プロ野球
選手イチロー氏の言葉であることは、あまり知られていま
せん。ベテランの年齢に差しかかってからメジャーリーグ
の人気球団ヤンキースに入団するにあたって、「自分の言葉
が信頼に足るかどうかは、自分がその言葉に値する成績を
出してこそだ」という意味で、これからのヤンキースでの
活躍を誓って発せられた言葉です。

まさに言葉というものの、本質を突いた発言です。発言者のこれまでの実績、取り組み、そしてその姿勢が、言葉に力を宿すのです（図7-4）。

図 7-4

エトスの示し方

> ### エトス（Ethos）
> **人格、性格、精神のこと**

人物に信頼がおけること
人格の証明は、行動。したがって、
エトスとはすなわち実績（に裏づけられた人格）

言葉とは、何を言うかではなく、
誰が言うかに尽きる。
その「誰が」に値する生き方をしたい
──イチロー、2013

　アリストテレスは、これら3要素を「社会のリーダーが備えるべき特性」「人々を導くにあたっての基本素養」と位置づけました。数千年の時を経て、現代社会でも通じる戦略伝達の要がそこにあります。あなたは、ロゴス、パトス、エトスを磨いた説得をもって、自分のビジョンや戦略を仲間や協力者に戦略を伝えなければなりません。

個別目標にブレイクダウンする：
バランス・スコアカード

　戦略を機能させるためには、その戦略を仲間たちに伝えるのみならず、具体的な経営計画に落とし込まなければなりません。**「誰が、何を、どのように実現すればよいのか」**　**「部門ごと、活動ごとに、どのような目標を達成していけばよいのか」** までブレイクダウンすることによって、**戦略は実行に移されることになるのです。**

　一般に「中期経営計画」などと呼ばれるその具体化された方策は、ある程度の規模の会社となれば、たいてい存在します。金融機関から融資を受けたり、投資家から出資を受けたり、国や自治体から補助金を受けたりする際に、求められることもあるでしょう。

　小さい会社であれば社長1人で作成することもありますが、中程度の規模となれば経理担当者などを交えて経営陣全員で作ることになります。また、大企業ともなれば「経営企画」や「経理」「管理部」などといった部署が、各方面からデータをかき集めながら作成することになります。

　その作成の仕方についての決定版とされるものが **「バランス・スコアカード」** です。源流は経営学の父ピーター・ドラッカーの管理手法にありますが、1990年代にその名を定め、手法として洗練させたのは、ハーバード・ビジネス

スクールのキャプラン教授です。

　キャプランはもともと、管理会計を教えていました。企業の戦略を財務的な数値に変換し、それを管理指標として運用していく手法が、管理会計です。しかし、財務指標だけでは、会社の内実には十分に迫れません。そうした問題意識から、人的資源や会社のオペレーション、あるいはイノベーションの状況にまで目を光らせて、達成すべき戦略目標に沿って一貫性をもたせながら、個別の目標にブレイクダウンする手法として、バランス・スコアカードを開発しました。

　お金の状態だけが記録された「バランスシート」（貸借対照表）ではなく、そこから人や組織に視野を広げ、全体をバランスよく評価できるようにという精神で作られたものがバランス・スコアカードです。

　それでは、バランス・スコアカードの使い方を解説していきますが、ここから先は、実際に皆さんも頭の中で、「会社の、来期の目標を設定する」つもりで、使いながら読み進めてもらえたらと思います。これから登場する図7-5から図7-8では、女性用の靴ブランドを展開する会社を想定して例を示します。

　最初に考慮すべきは、会社の掲げる大きな方針を、来年の売上や利益の目標にブレイクダウンすることです。まずは、会社としての大きなビジョンと、そこから導かれる来期末の姿を、定性的＆定量的に描いてみましょう。「DXを

進めながら、半分くらいの売上をデジタル領域で稼ぎながら、売上〇〇％アップ」「事業再建を行ないながら、売上減を〇〇％に収めつつ、黒字化達成」「コンシューマー市場に広く進出し、売上高〇〇％アップ、営業利益率〇〇％以上」など、自社のあるべき姿と現状を踏まえて、未来像を描きながら、それを最大限に数値化するのです。

　女性用の靴ブランドとしては、たとえば「女性を靴の悩みから解放する」というような大きなビジョンに沿って、具体的な方針として、「eコマースを確立しながら、既存の流通チャネルでもしっかり〇〇億円を売り上げる」というような売上を中心に据えた戦略目標としてみました（図7-5）。

図 7-5

大きなビジョンを、具体的な数値目標に落とし込む

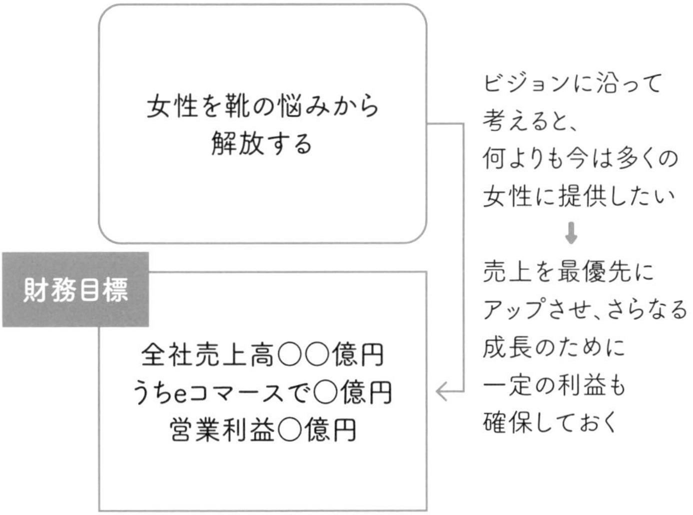

女性を靴の悩みから
解放する

ビジョンに沿って
考えると、
何よりも今は多くの
女性に提供したい

↓

売上を最優先に
アップさせ、さらなる
成長のために
一定の利益も
確保しておく

財務目標

全社売上高〇〇億円
うちeコマースで〇億円
営業利益〇億円

このとき、目標とすべき数値は、一概には決まっていません。「何を目標数値とすべきか」によって、会社の目指すべき姿が変わってくるからです。

　営業利益なのか、売上高なのか、シェアなのか、株価なのか。最終的なゴールは財務的な成果であるとしても、自社の理念に沿って、何が正解かは変わってきます。「今は成長期」であれば、ひたすら売上を追求するでしょうし、「株主価値の実現」ならば株価がターゲットとなるでしょう。「自分たちは、何を目標とすべきなのか」を仲間としっかり議論し、自社のあるべき姿を考える必要があります。

　次に、それを市場でのパフォーマンスにブレイクダウンします（次ページ図7-6）。

　どのような市場でどれくらい売上を稼ぐか。会社というものが顧客に対して貢献することを通じて対価を得るものである以上、どのような顧客にどれくらい貢献して、その結果としてどれだけの対価を得るかは、会社の最重要成果指標です。その意味では、顧客満足度やリピート率、継続率なども測定されるべき重要指標となるでしょう。

　また、製品・サービスの改善度合いや、新製品比率や、新事業の成長度合いなども、このステップの成果指標となります。毎年、変わらない商品を出し続けていても、顧客への貢献度合いは改善しません。その意味で、製品がどれだけ変わったかや、新事業がどれだけ育ったかも、会社の出来・不出来を測る１つの指標となるでしょう。

図 7-6

最終の数値目標を
どういう顧客パフォーマンスで実現するか

女性を靴の悩みから
解放する

財務目標

全社売上高〇〇億円
うちeコマースで〇億円
営業利益〇億円

マーケティング目標

自社店舗販売〇億円
卸売〇億円
eコマースの売上〇億円
新作〇足、会員登録〇人
リピート率〇％

開発部

各営業部

売上をどのような
市場成果で
実現するか
↓
各市場で
どれだけ売るか、
お客様に
どれくらいの新作を
提供するか
会員登録や
リピーターを
しっかり育てる
こうした個別目標に
分解する
それを各部門に
割り当てていく

195

これらの指標はもちろん、マーケティング部門や、カスタマーサクセス部門、あるいは新商品開発部門、技術開発部門、新事業部門などが目指すべき目標となります。このように、バランス・スコアカードでは、最終の売上・利益目標からブレイクダウンしていきながら、各部門がどのくらいの成果を実現していけばよいかを設定することになるのです。

　続いては、市場に出荷される商品が、どのようなオペレーション（生産や物流など）を通じて顧客に届いているかを問います（次ページ図7-7）。
　オペレーションの指標としては、生産能力、不良率、品質水準、クレーム件数、生産や物流のリードタイムなどが挙げられます。これも、自社の目指すべき姿に紐づけて、各部門はどうあるべきかを定性的に構想し、それに合わせて数値が用意されるべきです。

　また、オペレーションの重要な指標としては、その活動がどれだけサステナブルに行なわれたのかなど、社会的責任に関する事柄も測定されるべきでしょう。地球資源の損耗・維持の度合いや、公害などへの対策など、オペレーションをどれだけ社会や地球環境にフレンドリーに行なえたか、社会の安定的発展に貢献できるように行なえたかも、今日的な重要指標といえるでしょう。

　最後に、これらの販売活動や生産活動を支えるための、会

図 7-7

目標とする顧客パフォーマンスを
どういうオペレーションで実現するか

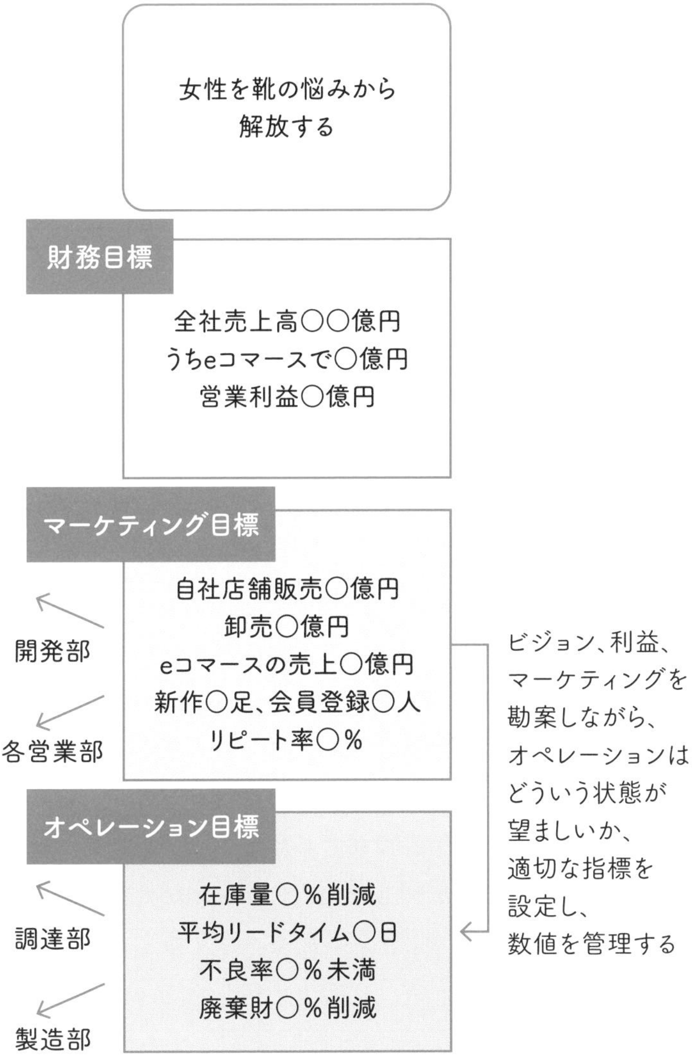

女性を靴の悩みから
解放する

財務目標

全社売上高○○億円
うちeコマースで○億円
営業利益○億円

マーケティング目標

自社店舗販売○億円
卸売○億円
eコマースの売上○億円
新作○足、会員登録○人
リピート率○％

← 開発部

← 各営業部

ビジョン、利益、
マーケティングを
勘案しながら、
オペレーションは
どういう状態が
望ましいか、
適切な指標を
設定し、
数値を管理する

オペレーション目標

在庫量○％削減
平均リードタイム○日
不良率○％未満
廃棄財○％削減

← 調達部

← 製造部

社の資源の整備についても、指標化して管理をする必要が
あります（次ページ図7-8）。

　たとえば、人材としては、どのような人材を、何人確保
する必要があるか。教育はどの程度行なう必要があるか。物
的資産としては、何をどれだけそろえる必要があるか。あ
るいは、店舗はどのくらい展開する必要があるか。金銭面
ではどうか。金融機関や投資家から、必要なだけの資金を
集めたり、それを返済したりする活動をどのように行なう
かについても、検討しておく必要があります。さらに、情
報システムなども、会社全体を支えるためにどうすべきか、
明確な方針を立てておくべきです。

　以上が、バランス・スコアカードのステップです。最終
的なビジョンと財務目標に紐づけるようにしながら、社内
の各部門・各担当者に対して定性的・定量的に目標を設定
していくことで、全体としてまとまりを保ちながら、個別
具体の活動を展開していけるようになります。

　**バランス・スコアカードは、忠実にやり方をなぞるとい
うよりも、その発想のベースである「ビジョンと最終的な
財務目標に紐づけて各種活動の個別のあるべき姿・目標を
設定していく」ことを、経営計画策定に活かしていくこと
が大切です。**事業活動の特徴に合わせて、「自分の会社だっ
たら、どういうふうに展開していくのがよいか」を考えな
がら、自社固有のバランス・スコアカードを作ってみてく
ださい。

図 7-8

オペレーションを支えるリソースを
どのように整備・管理するか

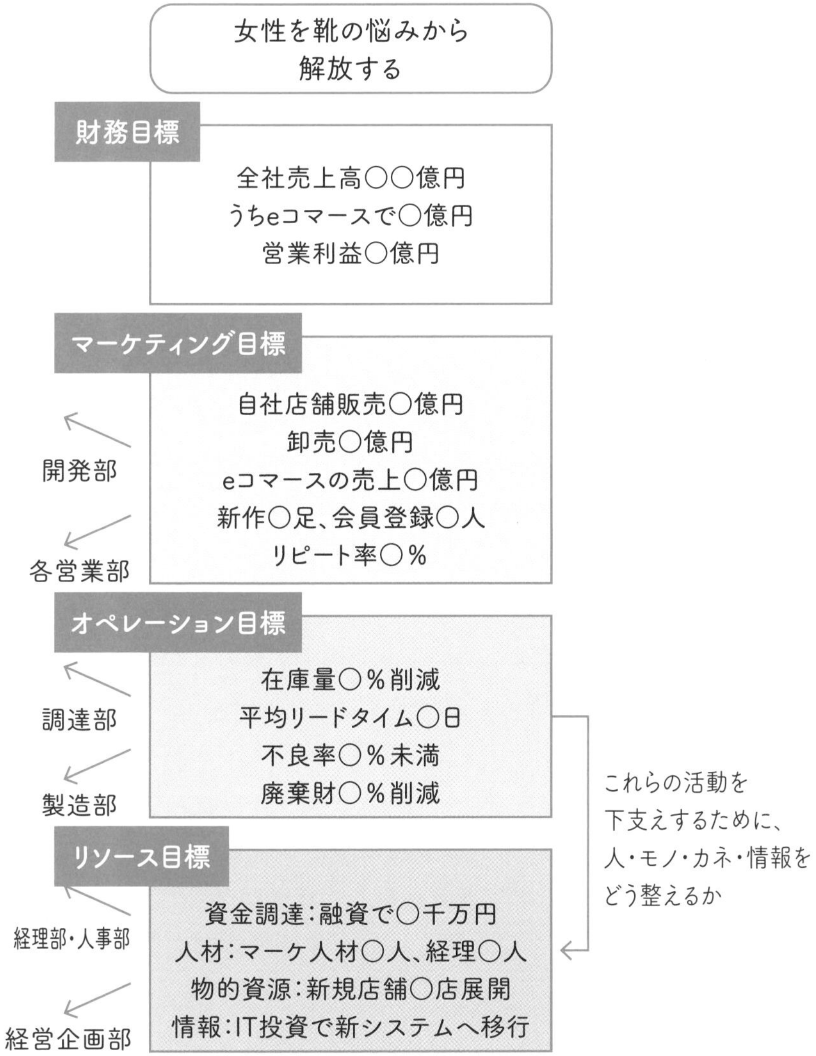

女性を靴の悩みから
解放する

財務目標

全社売上高○○億円
うちeコマースで○億円
営業利益○億円

マーケティング目標

自社店舗販売○億円
卸売○億円
eコマースの売上○億円
新作○足、会員登録○人
リピート率○％

← 開発部

← 各営業部

オペレーション目標

在庫量○％削減
平均リードタイム○日
不良率○％未満
廃棄財○％削減

← 調達部

← 製造部

これらの活動を
下支えするために、
人・モノ・カネ・情報を
どう整えるか

リソース目標

資金調達：融資で○千万円
人材：マーケ人材○人、経理○人
物的資源：新規店舗○店展開
情報：IT投資で新システムへ移行

経理部・人事部

← 経営企画部

リソースを割り当て、管理する

バランス・スコアカードは優れた手法ですが、それだけではまだやり残していることがあります。それは、活動に必要なだけの資源を実際に配置し、かつ継続的に活動を管理していくことです。

バランス・スコアカードの発想を用いれば、各種活動の目標数値を設定できます。しかし、目標を与えただけで達成が約束されるわけではありません。登山に必要な装備を与えずに、「エベレストに登れ！」と言っているようなものです。

目標を達成するためには、しかるべき人員と、資金、設備、必要なサポートなどを与えることが必要です。ここから先は、経営陣と現場とのコミュニケーションの産物です。各部門に期待している成果をトップダウンで伝えながらも、各部門からその実現可能性や、そのために必要な資源をボトムアップで伝えてもらい、双方向で調整しながら、最終的な目標数値と、そこに投じる資源量とを決めるのです（次ページ図 7-9）。

さらにはこれを、月次の計画に落とし込んでいきます。そして、毎月、会社の状況を把握し、戦略が達成できそうかどうか、チェックし、是正していく管理体制を整えます（202 ページ図 7-10）。

ここまで展開して、ついに、経営戦略は完成するのです。

図 7-9

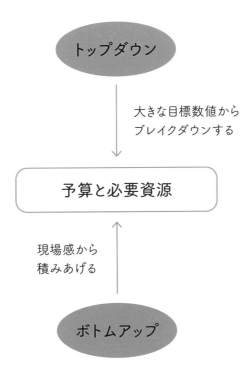

**トップダウンとボトムアップの両方から、
予算目標を最終確定し、
同時に、必要資源を確定する**

トップダウン

大きな目標数値から
ブレイクダウンする

予算と必要資源

現場感から
積みあげる

ボトムアップ

構想が具体的な行動計画に落とし込まれるまで、しっかり
ブレイクダウンしていく。その過程は、戦略自体を構想す
る以上に時間と労力を要するかもしれません。しかし、組
織を動かし、戦略を機能させるためには、各部門の実行計
画、さらにはその先で個人個人の実行計画にまで落とし込
むというひと手間を、惜しむべきではないのです。

図 7-10

月次の予算計画にまで落とし込み、
毎月の予算管理・是正体制まで構築して、
戦略は完成する

月次予算計画

	4月	5月	6月	7月			通年
売上高	…	…	…	…	…	…	…
費　用	…	…	…	…	…	…	…
利　益	…	…	…	…	…	…	…

毎月の定例会議の設定

実行まで責任を持つことが戦略

　あなたが思っている以上に、あなたが考えていることは、人に伝わっていません。ですから、戦略を司る人は、こと

あるごと、さまざまな場面において、口をすっぱくして自分の構想を仲間たちに伝えるべきです。

また、**人は明確な目的があり、その目的達成に動機づけられているときにこそ、目的達成のために努力をしたり、創意工夫をしたりできるようになります。**だからこそ、わかりやすい目標数値を提供し、管理体制をも整えてあげることが、有効となるのです。

そのような意味で、地道ですが、この戦略の分解・展開作業までが、経営戦略を立案し、実行するということだと認識してください。この最後の1ステップを実施するか、すっ飛ばすかで、戦略の実現性は大きく変わってきます。

私の尊敬する、ある経営企画の方はこの仕事を「仲間たちを方針づけ、動機づけるために、それを受け取った人の顔と心をイメージしながら、思いを数字にこめる作業」と定義していました。私も1人の経営者として経営戦略にかかわり続ける中で、この言葉が本質を突いているとの思いを強くしています。

経営戦略を経営計画に展開していくステップとは、思いを数字にこめ、届けるもの——そんなつもりで、この最後のステップまで、大切に取り組んでもらえたらと思います。

演習問題⑦

今、自分が携わっている事業、あるいはあなたが今、心に描いている新規事業について、バランス・スコアカードでそれぞれの活動でやるべきことに分解してみましょう。

回答例

　スターバックスは広告費をほとんどかけずに強固なブランドを構築している会社として知られます。それを可能としているのは、スターバックスが目指す未来について、それぞれの活動に細かく分解できているからです（図7-11）。

図7-11

スターバックスのブランドコンセプト

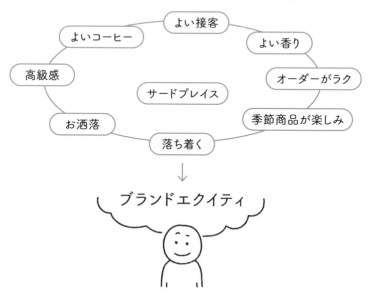

スターバックスのブランドコンセプトの中核は「サードプレイス」です。家でも、職場でもない、第3の場所。普段のつながりとは離れた場所で、自分の時間を豊かにすごせること。そうあるために、具体的にどうあるべきなのかまで、細かくあるべき姿が描き込まれているのも、スターバックスの特徴です。

スターバックスは明示的にバランス・スコアカードを使っているわけではないようですが、決算報告などにはマーケティング、財務、オペレーション、資源計画の区分を見て取ることができます。図 7-12 は、筆者がそれをもとに再構築してみたものです。

図 7-12
....

スターバックスのバランス・スコアカード

サードプレイス

財務目標

健全財務を維持したまま
収益性をともないながら成長

マーケティング目標

新店舗の出店○店
新規フレーバー○作投入
サードプレイス充実に向けたリモデル・リフレッシュ○店

オペレーション目標

体験のクオリティを
店頭で表現する
空間力を強化し続ける

リソース目標

キャッシュフローの範囲内で経営
次世代リーダーの育成

スターバックスは「サードプレイス」としての価値を実現するために、直営店方式にこだわります。身の丈に合った成長を続けて、無理をした伸長をしないことで、クオリティを維持すべきだと考えたのです。この発想のもと、財務的健全性を維持しながら、収益をともないつつ売上を立てていく、とするのが同社の経営の大きな特徴となっています。まさに、あるべき姿から逆算するようにして、財務パフォーマンスを定めているのです。

　スターバックスは、この観点から、確実な収益性を見込め、顧客にとってのサードプレイスを提案できる場所に立地していきます。古くなってしまった店舗は、時代に合わせてリモデル・リフレッシュを敢行していきます。また、新作メニューを継続的に投入することで、常に人々に新しい驚きを提案し続けてもいます。

　オペレーション面では、同社はよく「オペレーションで守る」という表現を使います。新規出店などの成長戦略をとったとしても、結局はその店舗がいつものスターバックスの価値を表現できなければ、顧客のブランド価値を棄損してしまいます。体験を常に店頭で表現し続けられること、空間を改善し続けることは同社にとっての生命線です。

　上記の事項を踏まえ、同社は財務計画としては、自社の用意できるキャッシュフローの範囲内で育てていくことを最優先しています。過剰な拡大はサードプレイスとしての価値を棄損します。また、もし財務状態が悪くなればサービスを改悪せざるを得なくなるかもしれません。理念に即して、黒字となる範囲内でお金を回していくこととしているのです。

　そして、同社の経営の要は、人材育成です。店頭で活躍するスタッフも、製品開発も、店舗開発も、同社を支えるすべての活動は人材の能力に依存しています。自分たちが製品と組織に誇りを持てるから、長い期間、定着するし、店頭オペレーションの質も改善するのです。同社は、創業当時から、「1人1人の働き手に敬意を持ち、またお互いに敬意を持つこと」を経営の要としてきました。そうした姿勢が、サードプレイスとしての価値を生み出すことを理解していたからです。

7 時間目のまとめ

☑ 組織全体として経営戦略を実行していくためには次の3
つが必要不可欠。
- 伝達…………聞き手に向けて、正しく、かつ、心を
動かすように戦略を伝えること
- 計画…………詳細なスケジュールを用意し、個別部
門について目標数値を整えること
- 組織と管理……必要なだけの資源を整え、組織し、か
つそれを継続的に管理していくこと

☑ 「伝達する」という行為には3つの側面がある。古代ギ
リシアの哲学者アリストテレスは、これを「ロゴス、パ
トス、エトス」として提示している。
- ロゴス……論理が通っている
- パトス……感情がこもっている
- エトス……人間的に信頼できる

☑ 戦略は、「誰が、何を、どのように実現すればよいのか」「各
部門ごと、各活動ごとに、どのような目標を達成してい
けばよいのか」までブレイクダウンすることで初めて実
行に移せる。そのために使う手法が「バランス・スコア
カード」。

☑ バランス・スコアカードを使うことで、財務指標だけで
は見えない、人的資源や会社のオペレーション、イノベー

ションの状況にまで視野に入れて、達成すべき戦略目標
に沿って一貫性を持たせながら、個別の目標にブレイク
ダウンすることができる。

・・・

☑ バランス・スコアカードの手法を忠実になぞるのではな
く、その発想のベースである「ビジョンと最終的な財務
目標に紐づけて各種活動の個別のあるべき姿・目標を設
定していく」ことを、自社の経営計画策定に活かしてい
くことが大切。

・・

☑ 目標を達成するためには、経営陣が各部門に期待してい
る成果をトップダウンで伝えると同時に、各部門から実
現可能性や必要な資源をボトムアップで伝えるという、
双方向からのコミュニケーションで調整しながら、最終
的な目標数値と、そこに投じる資源量とを決める必要が
ある。さらに、それを月次の計画に落とし込み、毎月、
会社の状況を把握し、戦略が達成できそうかどうかを
チェック・是正する管理体制を整えることが重要になる。

さらに学びを深めたい人のために

〈参考文献〉

. . . .

『弁論術』（アリストテレス、岩波文庫、1992年）

リーダーとして、いかに人の心を動かすか。古代ギリシアの哲学者アリストテレスの遺した、人類史への重要な貢献の1つがこの書物です。「ロゴス・パトス・エトスとは何か？　それらをどう実践につなげていくか？」──数千年前の本ながら、現代にも活きる説得の基本書です。

『戦略マップ［復刻版］
──バランスト・スコアカードによる戦略策定・実行フレームワーク』
（ロバート・S・キャプラン他、東洋経済新報社、2014年）

バランス・スコアカードを提唱したキャプランが、それを実際にどう運用するか、丁寧に解説した本。本章におけるバランス・スコアカードの説明は、この本の内容に準じています。

『現場が動き出す会計：
人はなぜ測定されると行動を変えるのか』
（伊丹敬之・青木康晴、日経BPマーケティング、2016年）

この章の後半の内容は、一般的に「管理会計」と呼ばれる領域の内容になります。ただし、一般的な管理会計のテキストは、ひたすら計算問題を上手に解かせるようなものであり、経営戦略／経営者の目線から、どのように現場を動機づけ、動かしていくのかというテキストは本当に限られています。そんな中で、戦略と会計という、本当は非常に緊密に関連している領域を結ぶものとして、戦略論の泰斗・伊丹敬之氏と、当代随一の管理会計学者・青木康晴氏による同書は、この章の内容をさらに深く理解するための必読書と言えるでしょう。

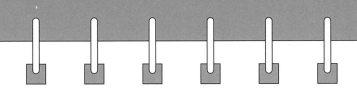

補論

最新の経営戦略理論「エコシステム戦略」

Ron Adner

最後に最新の経営戦略理論を1つ紹介しましょう。今、米国で最も注目される経営学者の1人、ロン・アドナーが提唱する「エコシステム戦略」です。この理論は、とてもシンプルです。総合的な顧客体験の提供のために、企業連合で「エコシステム（生態系）」を作りましょうというもの。しかしながら、このエコシステムという発想があったかどうかで業界の優劣が決してしまうほどに、競争優位に大きなインパクトを持っています。

カメラの世界で起こったこと

　写真をめぐる、皆さんの総合的な顧客体験は、どのようなものでしょうか？

　素敵な写真を撮ることは、顧客体験のほんの入り口にすぎないはずです。撮影した写真が自動的にクラウドストレージに保存され、あなたは労せず、いつ頃、どんな素敵なことをしていたのか、振り返ることでしょう。

　そして、それらの写真の中から、お気に入りの1枚を選び、軽快に動く編集ソフトを自在に駆使して、素敵な画像を完成させる。それをSNSにアップして、「いいね」をもらったり、コメントのやりとりをしたりして楽しむ。これが、総合的な顧客体験です。

　この総合的な顧客体験を、1つの端末ですべてかなえた製品があります。そう、スマートフォンです。スマートフォンは、カメラモジュール、クラウドストレージ、編集アプリ、SNSを、スムーズな流れで、まとめて提供しました。"カメラ"の競争の覇者は、カメラではなく、実はスマートフォンだったのです。

　キヤノンやニコンなどのカメラメーカーの作る「カメラ」は、もちろんすばらしいものです。それは今でも、愛好家たちの自慢の一機という地位を失ってはいません。しかし、もはや市場の大勢は、スマートフォンに専有されてしまっています。

これが、**総合的な顧客体験を提供するプレーヤーの強さ**なのです。単独の製品で提供できる価値など、限られている。一方、複数の製品・サービスが織りなすエコシステムとして提案すれば、ユーザーはその利便性、その楽しさの虜<ruby>虜<rt>とりこ</rt></ruby>になってしまうでしょう（図8-1）。

図 8-1

既存のエコシステム

この中でベストを尽くしても、価値が飛躍的に増大することはない

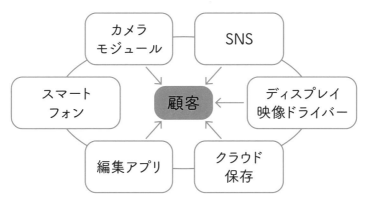

新しいエコシステム

価値の転換は、企業が織りなすエコシステムがもたらす

単独の店舗が、ショッピングモールにかなわないのも、同じ理由です。日本の小売業界の勝者となったイオンモールは、顧客が週末のショッピングで体験したいことをすべて詰め込み、きれいな動線をもってそれを提案します。広々とした駐車場に家族がクルマで訪れ、洋服を買い、本を買い、食事を楽しみ、アウトドアグッズを眺め、子どもをプレイグラウンドで遊ばせ、最後には映画を楽しんで帰路に就く——この総合的な体験に、単独の店舗がかなうわけがありません。

　イオンモールはまさに、各種サービスを提供する企業たちが織りなす「**エコシステム**」です。皆さんも、このシンプルながらも、実に有効な、エコシステム戦略の真価にそろそろ気がついてきたのではないでしょうか。あなたがこの現代社会で経営戦略を組み立てようとするときには、このエコシステムという発想を、ぜひ持っておいていただきたいです。

なぜ今、エコシステムなのか？

　興味深いことには、エコシステム戦略はこれほど有効であるのに、注目されるようになったのはこの10年ほどです。その背景には、次の2つのことが作用しています。
　第1は、**デジタル技術の進展**です。

カメラの例はまさに、デジタル技術によって製品・アプリ・サービスが連結され、総合的な体験が可能になりました。このほかにも、スポーツ中継やアーティストのライブやミュージックビデオの視聴、さらにかつては電子版などあり得ないと思われていたマンガでさえ、近年ではデジタル空間の中で、SNSでの発信などと紐づいて行なわれるのです。デジタル化の1つの帰結が、かつて単体として存在していた製品・サービスの総合体験化であるといえるでしょう。

　第2には、「**モノそのものではなく、経験にこそ価値がある**」という考え方が広がったことが挙げられます。
　自動車に価値が生まれるのは、所有権が自分に移ったときではありません。ドライブしたり、洗車したり、ディーラーに行ったり、批評サイトを見たり、ガレージに収まっている様子を眺めたりという体験が、価値をもたらしています。
　だとすれば、購買のその瞬間だけでなく、ドライブ中のサービスエリアも、洗車体験も、ディーラー体験も、批評サイトも、ガレージまですべてをひっくるめて、なるべく魅力的な体験として演出することで、顧客の自動車ライフは充実し、高い価値を感じてもらえるようになります。
　こうした時代背景があって、**単体としての製品の魅力もさることながら、総合的な顧客体験（UX：User eXperience）として作り込むことが、近年求められるようになってきているのです。**

エコシステムの構築方法

　それでは、エコシステムはどう構築していけばよいので
しょうか？

　ここからは、エコシステム戦略の実行のステップについ
て、説明していきます。

❶ カスタマーに注目し、価値構造がどうなっているかを明らかにする

　最初の一歩は、顧客がいま、自社製品をめぐって、どうい
う価値構造の中で行動しているのかをよく観察することです。

　たとえば、写真の場合はどうでしょうか？

　近年の顧客を観察すると、次の5つの行動をとっています。

①素晴らしい瞬間を写真として撮影する
②写真を保存する
③写真を取捨選択したり、編集したりする
④写真を鑑賞する
⑤写真を家族や友だちと共有する

　ですから、この5つのステップを総合的に提案できるよ
うなエコシステムを作ればよいということになります。

❷ 価値構造全体を提案できるような エコシステムをパートナーとともに作る

きれいな写真を撮ること、残すこと、編集すること、鑑賞すること、共有すること。この5つのステップには、それぞれに優れたプレーヤーがいます。カメラモジュールの生産者、クラウド保存サービス、編集アプリ、ディスプレイや映像出力ドライバーの生産者、そしてSNSなどの共有プラットフォームです。

これらすべてを1社で提供することは至難の業です。ですから、皆で手を取り合うのです。自社と組んでくれる有力パートナーを見つけては、協業関係を構築してエコシステムを充実させていけば、少しずつであっても、着実に顧客体験がよりよいものになっていくでしょう（図8-2）。

図 8-2

顧客の価値を理解するには 顧客体験(UX)から入る

UX起点でこの未来像を構想し、エコシステム作りをする

世界最大級の企業であるトヨタですら、付加価値ベースで自動車の部品の半分以上をサプライヤーから供給を受けています。さらには、そこにディーラーや保険のサービスを提供する企業も加わって、自動車ビジネスのエコシステムを作りあげています。これほどの大企業ですら企業間協力で顧客の求める価値を提供しようとしているのですから、どんな会社であっても、常に企業間パートナーシップを組んで、エコシステムをデザインすべきです。

　アップルも、トヨタも、サムスンも、テンセントも、**今日の成功企業はすべて、上手な企業連携構造（エコシステム）を作り、顧客に総合的な価値を提供しています。**

❸ 既存のエコシステムを継承し、段階的に発展させる

　このように説明すると、エコシステム戦略は、かなり大規模な事業の大構想・再編に思えるかもしれません。ですが、実際はその逆です。小さな改編・修正を繰り返して、少しずつ作っていけばよいのです（次ページ図8-3）。

　旧来のエコシステムだって、これまで十数年、ときには数十年の長きにわたって、顧客に満足のいく価値を提供してきたのですから、まったくの的外れというわけではないのです。カメラはちゃんとカメラとして、きれいな画像を記録に残すという価値を顧客に提供しています。また、ク

図 8-3

エコシステム・ディスラプションは
小さいところから段階的に

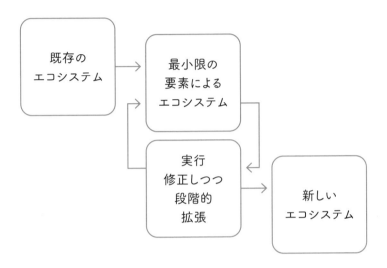

※エコシステム・ディスラプション
　従来のエコシステムを破壊し、業界構造を劇的に変えること

※ MVE（Minimum Viable Experience）
　顧客に提供する最低限のあらゆる体験

ラウドサービスだってこれまでにも使われていましたし、
編集アプリも、SNS も同様です。
　やるべきことは、それらを「**どうつなぎ合わせて、切れ
目のない顧客体験に再編するか？**」なのです。

219

エコシステム戦略は、弱者のための戦略

　最後に、1つ強調しておきたいのは、「**エコシステム戦略は、弱者のための戦略である**」ということです。

　エコシステムは、確かに今、グーグル、アップル、イオン、楽天などの大手企業が実施している戦略です。ですが、「資源の少ない自社が、他社と協力関係を構築することで、顧客に対してより充実した体験を提供する」という本質は、企業の大きさを問わず有効な戦略となります。

　1つ例を紹介しましょう。

　米国で、ニッチを極めたマニアユーザー向けの家具を扱うeコマース販売会社、ウェイフェア（Wayfair）です。皆さんのほとんどは、ウェイフェアという会社をご存じないはずです（実は米国では、家具分野に革新をもたらすユニコーンと認知されています）。アマゾンやアップルといった会社とは規模においてまったく異なる、一介の中小規模の小売業でありながら、他社との協力関係によってエコシステムを構築し、見事にアマゾンの侵攻から自社の市場を守った会社です。

　ウェイフェアはアマゾンが家具販売に積極攻勢をかけてくるに際して、「単品のよい家具を買う」のではなく、「自宅のコンセプトに合致した家具を探し、部屋のレイアウトを考える楽しみ」を、価値として提案しました。

「家具を買う」という体験を構成している価値は、安くてよい品を選ぶこともさることながら、コンセプトやレイアウトを考える過程にもあると考えたのです。それを実現するために、同社は家具メーカーやIT企業と連携して、顧客の居間が再現されたバーチャル空間上に、3Dモデリングされた商品をレイアウトするシステムを作り出しました。

　ニトリで実際の商品を見ながら「自宅にレイアウトしたらどうなるか？」を検討している自分の姿を想像してみてください。ウェイフェアは、それを顧客が自宅にいながらにして、PCの前で体験させることに成功したのです。顧客の価値構造を理解し、パートナーとともに総合的にそれを提案するというエコシステム戦略を実現し、「単品の製品を最大限に安く売る」アマゾンを上回る価値提案を実現したのです。

　同社は、家具分野に絞り込み、さらに商品数も絞り込んだセレクトショップであったからこそ、家具供給業者との密なWin-Winの関係を描ける上手なエコシステムを構築できました。誰もが出品でき、アイテム数が無数にあるアマゾンにとっては、模倣するのが難しいサービスだったのです。

自社から顧客体験へと視野を広げる

　エコシステム戦略は、どうしても自社に閉ざされがちな思考を、自社を超える広がりへと展望させてくれる点にも、大きな価値があります。

　私たちが経営戦略を検討するときには、どうしても、自社の現状、自社の目指す未来、自社にとっての競合、自社にとっての顧客などと、自社を中心とした思考に偏ってしまいます。

　しかし、顧客から見れば、世界は真逆に見えているのです。**自社の提供する製品・サービスは、顧客が体験している総合的な価値の、ほんの一部でしかありません。**そこに気がついたならば、あなたはもう少し、上手に戦略を構築できるようになるはずです。他社の力を借りて、自社の力を超えた価値を提案できるようになるでしょう。

　ぜひ、そうした視座からも、自社はどういう顧客価値の体系の中にいるのかを再発見し、自社の事業範囲を超えて、広がりを持たせた形で経営戦略を立案するために、エコシステムという発想を取り入れてみてください。

演習問題⑧

今、自分が携わっている事業、あるいはあなたが今、心に描いている新規事業について、UX を総合的に描き出し、それを満たすエコシステムを作成してみてください。

回答例

　現代日本で、最も成功したサービスの1つは「イオン」でしょう。実に 1960 年代からショッピングモール形式を開始し、その仕組みを成熟させながら、全国制覇を果たしました。ショッピングモールとしての売上高は開示されていませんが、グループ全体での売上高は8兆7159億円、店舗数は国内163、海外 34 を数えます。これほどの成功を収めた会社は、なかなかほかに見当たりません。

　イオンモールが、なぜ強いのか？
　皆さんにも容易にわかるはずです。「そこに行けば、何でもそろっているから」です。そこに行けばすべてが事足りる。話題のブランドの店舗や、流行りの飲食店、映画館、ゲームセンター、ペットショップまでそろい、1日まるまるすごせてしまいます。顧客が「楽しいショッピング」をしたいときに必要なものが、すべてそろっています。
　これはまさしく「エコシステム戦略」の典型例です。

　イオンモールのアイデアは古く、1970 年に大阪に作られた、ダイヤモンドシティ東住吉ショッピングセンターがその始まりです。アメリカの郊外型大型店舗を参考に、「一日中ショッピングが楽しめる場所」というコンセプトで、消費者がショッピングに求めるすべての要素を抽出し、それを満たすような施設を作りあげていったのです（次ページ図 8-4）。

図 8-4

ショッピングのUX

| 服を買う | → | 映画を観る | → | ゲームして遊ぶ | → | ご飯を食べる |

　イオンモールが秀でていたのは、これを企業連合で提案したことです。自社だけですべてを提案しようとするのではなく、協力企業の力を使って、イオンモールを構築します。

　たとえば、アパレルテナントとして、ファーストリテイリング（ユニクロ）、オンワード、ワールド、アダストリアなど。飲食店はマクドナルドやスターバックスをはじめ、有名チェーンが軒を連ねています。このほかにも書店、スポーツショップ、ペットショップも協力企業が提供しているものです。すべてを自分でそろえようとはせず、企業連合として、顧客が求めるものを総合的に提案している施設がイオンモールなのです（図 8-5）。

図 8-5

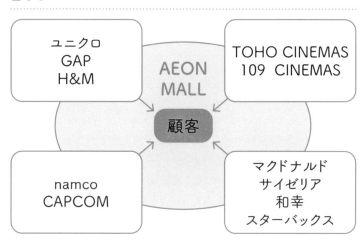

「こんな芸当は、イオンという巨大企業だからできるのだ」というのは、大きな誤解です。この事業を始めた1970年頃、イオンは地方の一介のスーパーマーケットチェーンにすぎませんでした。それが、他社の力を借りてショッピングモール業態のプロトタイプ（ダイヤモンドシティ東住吉ショッピングセンター）を作り、試行錯誤を重ねて、現在のイオンモールの形態を作りあげていったのです。そもそも、「ダイヤモンドシティ」という名前からも推測できるように、この最初の店舗も三菱商事との合弁事業です。

　創業当初から、他者の力を借りながら上手に商売を拡大してきたイオンの事例は、スタートアップや中小企業にこそ、持たざる者の戦い方として、エールを届けてくれる事例だと思います。

補論のまとめ

- ☑ スマートフォンは、総合的な顧客体験を提供することでカメラの世界の覇者となった。ただし、これは1社が単独の製品で提供することで成し遂げられたのではなく、複数社のさまざまな製品・サービスが織りなすエコシステムとして提案することで成し遂げられた。

- ☑ エコシステム戦略が有効になった背景には、デジタル技術の進展と、「モノそのものよりも経験に価値がある」という考え方の普及の2つがある。

- ☑ エコシステム戦略の実行のステップは次の通り。
  - ❶ カスタマーに注目し、価値構造がどうなっているかを

明らかにする

❷ 価値構造全体を提案できるようなエコシステムをパートナーとともに作る

❸ 既存のエコシステムを継承し、段階的に発展させる

☑ 本来、エコシステム戦略は、弱者のための戦略。その本質は、「資源の少ない自社が、他社と協力関係を構築することで、顧客に対してより充実した体験を提供する」こと。

さらに学びを深めたい人のために

〈参考文献〉

『エコシステム・ディスラプション
──業界なき時代の競争戦略』
（ロン・アドナー、（監修）中川功一、東洋経済新報社、2022 年）

エコシステムの構築に必要となるコンセプト、ツール、フレームワークについて、スポティファイ、ウェイフェアなど、GAFA の攻勢をかわして事業を成長させた企業の事例を紹介しつつ、エコシステム戦略の成功のカギを解説。

おわりに

　本書をお読みになった感想はいかがだったでしょうか？
　とにかく「実際に使ってもらう」という観点から、使い勝手のよい手法を、凝った話、細かい話はせずにお伝えしてきましたが、ひと通り読み終わってみて、皆さんに「何となく使えるようになった」と思っていただけたなら、うれしい限りです。

　もし、現時点で皆さんにモヤモヤしたものが残っているとすれば、それはおそらく「こういう使い方でよいのか？」ということではないかと思います。本という媒体の性質上、手取り足取り教えられるわけではありませんから、「使い方を学んだけれど我流になってしまっていないか？　勘違いしてしまってはいないか？」というのが、皆さんが感じる不安の最たるものではないかと思います。

　ですので、最後に皆さんに「**自分なりに使えていればそれでよい**」「**安心してくれてよい**」ということを、お伝えしたいと思います。
　経営理論というのは、皆さんが道を歩んでいくうえでの、松明、コンパス、地図のようなものです。それらがなくても、センスのよい人なら目的地にたどり着ける。何となくで暗中模索で進んでも、次第に道は拓けてくるでしょう。そんな中で、旅をするための道具があったならば、持っていないときよりももう少しだけ上手に歩いていけるようにな

る。これまでの歩みが正しかったということも、確信を持てるようになる。そんなものが、経営の理論なのです。

　旅の道具というものは、歩みを楽しくするための手段でもあります。道具を使って難関を越えられたならば、自分の技能の高まりを感じられます。自分の進む道が確かに地図に沿っていると確信が持てれば、安心もできます。道を誤ったときにも、なぜ誤ったのか、を分析・考察できる。それらがない場合と、比較してみてください。皆さんのキャリアは、ずっと暗闇を進むかのようなものとなり、その歩みに確信は持てず、成功も失敗も「偶然」で片づけられるものとなってしまいます。

　そんな旅の道具ですが、基本的な使い方は確かにあります。ですが、それをどう使うかは結局のところあなた次第、それでよいのです。PEST分析で現状や過去を振り返ってもよいのですし、VRIO分析からマーケティング戦略を立ててもいい。SWOT分析が性に合ったので、すべてをこの手法で考えていく、それでもいいのです。しょせんは道具。皆さんの旅の技術が高まり、確信を持って歩いていけるなら、どんな使い方をしてもかまわないのです。

　そんな意味で、改めて、この本の中で紹介したさまざまな考え方・手法のうちの、なるべく多くのものを皆さんの道具箱の中に収めていただけたならば幸いです。

私も皆さんと同じ、旅人です。どこかでまたお会いすることもあるかもしれません。そのときは、お互いの道のりを語り合い、よき友人になれたらと願っております！　そのときまでお互い笑顔で進んでいきましょう！

　　　　　　　　　　　　　2023年12月　中川功一

中川 功一（なかがわ こういち）

経営学者／YouTuber。1982年生まれ。2004年東京大学経済学部卒業。08年同大学大学院経済学研究科博士課程修了。経済学博士（東京大学）。大阪大学大学院経済学研究科准教授などを経て独立。現在、やさしいビジネススクール学長。「アカデミーの力を社会に」をモットーに、すべての人が経営学に触れられる社会をつくるために奔走中。YouTubeチャンネル「中川先生のやさしいビジネス研究」は国内初＆最大のチャンネル登録者数を誇る経営学YouTubeチャンネル。アカデミアに所属する研究者としても、国内外の主要雑誌に論文を発表。『自分で考える力が身につく！ 13歳からのMBA』（総合法令出版）、『ザックリ経営学』（クロスメディア・パブリッシング）など著書多数。

経営戦略 大事なところだけ事典

2024年2月1日 初版発行

著　者　中川功一　©K.Nakagawa 2024
発行者　杉本淳一

発行所　株式会社 日本実業出版社　東京都新宿区市谷本村町3-29　〒162-0845
　　　　編集部 ☎03-3268-5651
　　　　営業部 ☎03-3268-5161　　振　替　00170-1-25349
　　　　　　　　　　　　　　　　　https://www.njg.co.jp/

印刷・製本／新日本印刷

ISBN 978-4-534-06078-5　Printed in JAPAN

下記の価格は消費税（10%）を含む金額です。

この1冊ですべてわかる
新版　経営分析の基本

林 總
定価 1760円（税込）

用語の解説から、財務三表の見方、経営分析指標の使い方までじっくり解説。経営、投資に携わる人だけでなく、すべてのビジネスパーソン必携の1冊です。

考える道標としての経営戦略
これからの「事業戦略」と「全社戦略」をデザインする

松田千恵子
定価 2420円（税込）

経営戦略論の基本から事業戦略、全社戦略まで様々なテーマをわかりやすく解説。サステナビリティ対応などの新時代の経営課題まで、幅広く網羅した一冊です。

小さな会社の〈人を育てて生産性を高める〉
「戦略」のつくり方

山元浩二
定価 1870円（税込）

20年以上、650社以上の中小企業を分析、業績アップに導いてきた著者だからこそわかった！　人が育って組織が成長する中小企業の「戦略」の立て方と実践法。

プロ野球「経営」全史
球団オーナー55社の興亡

中川右介
定価 1980円（税込）

経営者たちのプロ野球史。草創期から戦後のオーナー企業の交代、21世紀のIT起業家たちの新規参入までを日本経済のダイナミズムを見据えて描いた異色作。

定価変更の場合はご了承ください。